Concours
Interne de caporal SPP

Concours sapeur-pompier professionnel

Édition 2023

Copyright © 2023
ISBN : **9798372451414**

Tous droits réservés.

CE QU'ILS EN PENSENT

1. "J'ai acheté ce livre pour me préparer au concours de caporal SPP et je n'ai pas été déçu. Les chapitres sont clairs et concis, et les conseils donnés sont très utiles. Je recommande vivement ce livre à tous ceux qui souhaitent se lancer dans la préparation de ce concours exigeant."

2. "Ce livre m'a été d'une grande aide pour me préparer au concours de sergent SPP. Les annales corrigées ont été particulièrement utiles pour m'entraîner et mettre mes connaissances à l'épreuve. Si vous êtes sérieux dans votre démarche de préparation, je vous recommande vivement ce livre."

3. "J'ai acheté ce livre en espérant qu'il m'aiderait à réussir mon concours de caporal SPP, et je n'ai pas été déçue. Les chapitres sur les épreuves orales et la présentation personnelle ont été particulièrement utiles pour moi, qui suis un peu timide. Je recommande vivement ce livre à tous ceux qui souhaitent se préparer à ce concours difficile."

4. "J'ai été très satisfait de mon achat. Ce livre m'a permis de m'entraîner sérieusement et de me sentir prêt le jour du concours de sergent SPP. Les chapitres sont bien structurés et les conseils donnés sont très pertinents. Je recommande vivement ce livre à tous ceux qui souhaitent se préparer efficacement à ce concours."

5. "Ce livre m'a été d'une grande aide pour me préparer au concours de caporal SPP. Les chapitres sur les connaissances générales et spécifiques m'ont permis de revoir l'essentiel du programme, et les annales corrigées m'ont permis de m'entraîner de manière ciblée. Si vous souhaitez réussir votre concours, je vous recommande vivement ce livre."

PRÉAMBULE

Conçu comme un manuel composé de questions sous forme de QCM et de QROC, cet ouvrage se base sur les guides de techniques opérationnelles (GTO) ou bien les guides de doctrines opérationnelles (GDO) pour bâtir ses exercices.

Le concours de SPPNO en interne reste particulièrement exigeant et sélectif. C'est pour cela que nous avons élaboré un questionnaire unique qui ne reprend pas les annales des précédents concours. Nous avons essayé de nous projeter dans votre prochaine échéance de pré-admissibilité en imaginant de nouvelles questions qui pourraient tomber le jour J.

Ce livret est vraiment fait pour se tester et voir ce qui vous reste à travailler. À la fin de l'ouvrage, vous retrouverez l'ensemble des réponses détaillées qui vous permettront de vous corriger.

Ce livre est unique, car il n'est constitué que de questions qui reprennent le programme suivant :

1 — Protection des personnes et des biens, interventions diverses :

- Généralités sur les opérations diverses.
- Opérations d'épuisement.
- Diverses espèces d'animaux, leur comportement et le danger qu'ils présentent.
- Risques animaliers : matériels et techniques adaptées.
- Dégagement de personne d'une cabine d'ascenseur.
- Fuite de gaz.
- Autres interventions.

2 — Lutte contre les incendies :

- Généralités sur la lutte contre les incendies.
- Généralités sur le matériel et les engins de lutte contre les incendies.
- Reconnaissance.
- Sauvetage.
- Besoins en eau et établissements de tuyaux.
- Techniques d'attaque et d'extinction des feux.
- Protection des biens, déblais et surveillance.

3 — Techniques opérationnelles :

- Équipement vestimentaire de protection individuelle.
- Appareil respiratoire isolant.
- Lot de sauvetage et de protection contre les chutes.
- Échelles, pompes et amorceurs.
- Éléments de construction, topographie et prévision.
- Transmissions.
- Techniques, manoeuvres et matériels communs à divers types d'opérations.
- Règles de sécurité.

4 — Secours à personnes :

- Secours à personne en France.
- Le matériel de secours à personne.
- La sécurité en opération de secours à personne.
- Hygiène et asepsie.
- Les détresses vitales.
- Les bilans.
- Les malaises et la maladie.
- Les accidents de la peau.
- Les traumatismes des os et des articulations.
- Les relevages.
- Les brancardages et le transport.
- Les atteintes liées aux circonstances.
- Les affections spécifiques.
- Les souffrances psychiques et les comportements inhabituels.
- Les situations avec de multiples victimes.
- Les secours sur accident de la route.

5 — Culture administrative :

- Institutions politiques et administratives de la France.
- Services d'incendie et de secours.
- Droit de la fonction publique.

TABLE DES MATIÈRES

	Encouragements	i
1	Textes Concours Externe de caporal	Pg n°1
2	Méthodologie de l'épreuve	Pg n°9
3	La présentation orale	Pg n°11
4	Modèles de présentations	Pg n°16
5	QCM	Pg n°28
6	Réponses aux QCM	Pg n°81
7	QROC	Pg n°131
8	Réponses aux QROC	Pg n°140
9	100 questions pour l'oral	Pg n°149
10	Les conseils du coach sportif	Pg n°153
	A propos	Pg n°167

ENCOURAGEMENTS

Prépare ton concours de sapeurs-pompiers EFFICACEMENT !

La qualité de vos réponses ne repose pas uniquement sur un étalage de vos connaissances. Appliquez-vous à faire des phrases courtes et synthétiques !
Les correcteurs apprécient un style simple composé d'un sujet-verbe-complément.

1. CONCOURS EXTERNE DE CAPORAL DE SAPEUR-POMPIER PROFESSIONNEL OUVERT AUX SAPEURS-POMPIERS VOLONTAIRES OU ASSIMILES

1.1. Conditions d'accès : article 5 du décret n°2012-520 du 20 avril 2012

Sont inscrits sur la liste d'aptitude prévue à l'article 4 les candidats déclarés admis :

1° A un concours externe sur épreuves ouvert aux candidats titulaires d'un titre ou diplôme classé au moins au niveau V ou d'une qualification reconnue comme équivalente à l'un de ces titres ou diplômes dans les conditions fixées par les dispositions du décret du 13 février 2007 susvisé ;

2° A un concours externe sur épreuves ouvert aux candidats ayant la qualité de sapeur-pompier volontaire, justifiant de trois ans au moins d'activité en cette qualité ou en qualité de jeune sapeur-pompier, de volontaire du service civique assurant des missions de sécurité civile, de sapeur-pompier auxiliaire ou de militaire de la brigade de sapeurs-pompiers de Paris, du bataillon des marins-pompiers de Marseille ou des unités d'instruction et d'intervention de la sécurité civile et ayant suivi avec succès la formation initiale de sapeur-pompier volontaire de 2e classe ou une formation jugée équivalente par la commission mentionnée à l'article 7 du présent décret.

Ce concours externe est également ouvert aux candidats ressortissants des Etats membres de l'Union européenne ou d'un autre Etat partie à l'accord sur l'Espace économique européen justifiant d'une qualification jugée équivalente à celle délivrée aux sapeurs-pompiers volontaires par la commission mentionnée à l'article 7 et de trois ans d'activité.

Le nombre des places offertes au concours mentionné au 1° ne peut excéder le nombre des places offertes au concours mentionné au 2°.

1.2. Epreuve d'admissibilité : article 6 du décret n°2020-1474 du 30 novembre 2020

Les épreuves d'admissibilité comprennent :

-Une étude de texte, d'une durée d'une heure, coefficient 1 ;

Cette étude a pour objet d'apprécier la capacité du candidat à repérer et analyser les informations contenues dans un texte.

-Un questionnaire à choix multiples, d'une durée d'une heure, coefficient 1, portant : pour les concours ouverts au titre du 2° de l'article 5 du décret n° 2012-520 du 20 avril 2012 précité, sur les activités et compétences de l'équipier de sapeurs-pompiers volontaires.

Ce questionnaire a pour objet d'apprécier les connaissances du candidat dans les domaines concernés.

Le programme du questionnaire à choix multiples sur les activités et compétences de l'équipier de sapeurs-pompiers volontaires de la seconde épreuve d'admissibilité du concours externe de caporal de sapeurs-pompiers professionnels mentionné au 2° de l'article 2 du décret n° 2020-1474 du 30 novembre 2020 précité est le suivant :

1. Lutte contre les incendies

Généralités sur le matériel et les engins de lutte contre les incendies ;
Reconnaissance ;
Sauvetage ;
Besoins en eau et établissements de tuyaux ;
Techniques d'attaques et d'extinctions des feux ;
Protection des biens, déblais et surveillance.

2. Secours d'urgence aux personnes

Matériel de secours d'urgence aux personnes ;
Sécurité en opération de secours d'urgence aux personnes ;
Hygiène et asepsie ;
Détresses vitales ;
Bilans ;
Malaises et la maladie ;
Accidents de la peau ;
Traumatismes des os et des articulations ;
Relevages ;
Brancardages et le transport ;
Atteintes liées aux circonstances ;
Affections spécifiques ;
Souffrances psychiques et les comportements inhabituels ;
Situations avec de multiples victimes ;
Secours sur accident de la route.

3. Protection des personnes et des biens, opérations diverses

Opérations d'épuisement ;
Risques animaliers :
- Diverses espèces d'animaux, leur comportement et le danger qu'ils présentent ;
- Matériels et techniques adaptées ;
Dégagement de personne d'une cabine d'ascenseur ;
Fuite de gaz ;
Autres interventions.

4. Techniques opérationnelles

Equipement de protection individuelle : appareil respiratoire isolant ;
Lot de sauvetage et de protection contre les chutes ;
Les échelles ;
Eléments de construction ;
Topographie ;
Transmissions ;
Techniques, manœuvres et matériels communs à divers types d'opérations ;
Règles de sécurité.
5. Culture administrative
Institutions politiques et administratives de la France ;
Services d'incendie et de secours ;
Bases du droit de la fonction publique.

1.3. Epreuve de préadmission : article 3 de l'arrêté du 30 novembre 2020

L'épreuve de préadmission comprend les épreuves physiques communes aux différents cadres d'emplois de sapeurs-pompiers professionnels. La moyenne des notes obtenues est affectée d'un coefficient 4.

Pour chaque candidat, la préadmission comprend trois épreuves d'exercices physiques réalisées dans l'ordre suivant :
1° Une épreuve de natation (50 mètres en nage libre) ;
2° Une épreuve de parcours professionnel adapté ;
3° Une épreuve d'endurance cardio-respiratoire (Luc Léger).
Une pause d'une heure au moins devra séparer chacune des épreuves.
Les modalités de déroulement ces épreuves sont définies en annexe du présent arrêté.
Le candidat n'a droit qu'à un seul essai par épreuve.

☐1. Epreuve de natation

☐a) Tenue
Cette épreuve se déroule en maillot de bain, (slip de bain pour les hommes, maillot

une pièce pour les femmes). Tout autre tenue est interdite (ex : short de bain, combinaison).

A l'exception du bonnet de bain, aucun accessoire n'est autorisé.

Les verres de contact peuvent être portés sans lunettes de natation sous la seule responsabilité du candidat.

b) Description

Le candidat doit sauter ou plonger du bord de la piscine afin d'effectuer un parcours de 50 mètres en nage libre sans arrêt.

En cas d'utilisation d'un bassin de 25 mètres, seul le plan vertical du mur devra être touché par une partie quelconque du corps au moins lors du virage.

c) Barème

Pour être déclaré en réussite, le candidat doit réaliser l'épreuve dans un temps maximum de 50 secondes pour les hommes et d'une minute pour les femmes. A défaut, le candidat est déclaré en échec.

2. Epreuve de parcours professionnel adapté

a) Tenue

Cette épreuve se déroule en tenue de sport, le candidat est équipé pendant toute la durée de l'épreuve d'une charge dorsale fixée sur un dossard d'ARI dont la masse totale est de 22 kg plus ou moins 500 grammes.

A l'exception de la magnésie qui est autorisée, tout autre substance additionnelle ou tout autre accessoire sont interdits (ex : gants et assimilés, protection de genoux…).

b) Déroulement chronologique de l'épreuve

L'épreuve consiste à réaliser un parcours comprenant six étapes. Chaque étape doit être validée par le candidat pour qu'il puisse poursuivre le parcours à l'étape suivante.

Le chronomètre est déclenché lorsque le candidat se met en mouvement pour débuter le parcours.

Un examinateur accompagne le candidat tout au long du parcours. Chaque faute constatée par l'examinateur sera indiquée au candidat qui devra la corriger immédiatement conformément au descriptif suivant :

c) Descriptif des étapes

L'ensemble des étapes se déroule sur une piste délimitée par deux lignes espacées de 18 mètres avec une zone supplémentaire de 1 mètre de part et d'autre désignée dans le texte « zone de 1 m en bout de piste » (piste de l'épreuve du Luc LEGER).

Etape 1 :

Cette étape se déroule sur une piste délimitée par deux lignes espacées de 18 mètres et la zone de 1m en bout de piste.

Avant le départ, les deux pieds du candidat se trouvent avant la ligne délimitant la piste. Le candidat réalise un aller-retour en franchissant la ligne opposée délimitant la piste située à 18 mètres avec au moins un pied qui devra toucher le sol et repartir en sens inverse pour revenir à sa place initiale.

Dans la zone de 1 m en bout de piste, se trouve une barre fixe de 2,5 à 3,5 centimètres de diamètre, placée à une hauteur minimale d'1,90 mètre qui permet au candidat de se suspendre totalement sans toucher le sol et sans que l'espace libre ne soit supérieur à 30 cm environ. Un dispositif de 5 cm de largeur plus ou moins 1 cm et 5 cm de diamètre plus ou moins 1 cm est fixé au centre de la barre. Le candidat saisit librement la barre fixe à deux mains qu'il place d'un côté du repère central. D'une position stationnaire, où seules les mains sont en contact avec la barre fixe et les pieds décollés du sol, le candidat réalise une translation afin de saisir des deux mains la barre de l'autre côté du repère. Il réalise ensuite une nouvelle translation afin de saisir des deux mains la barre de l'autre côté du repère, lieu de position de départ, puis repose les pieds au sol.

L'étape n° 1 est validée lorsque le candidat descend de la barre fixe et se tient en station debout sur ses deux pieds.

☐Etape 2 :
Cette étape se déroule sur une piste délimitée par deux lignes espacées de 18 mètres. Le centre d'un obstacle d'une longueur de 3 mètres, d'une largeur de 25 centimètres et d'une hauteur de 30 centimètres (banc suédois) est placé à mi-distance, dans le sens longitudinal de la piste. Deux repères visuels placés à 50 centimètres de chaque extrémité du banc déterminent la zone d'entrée et de sortie de cet obstacle.

Avant le départ, les deux pieds du candidat se trouvent avant la ligne délimitant la piste. Le candidat saisit une charge de 20 kg (sac à poignée centrale) dans une main et parcourt un aller de 18 mètres qui comprend la traversée de l'obstacle de bout en bout. La montée sur l'obstacle se fait par l'appui de tout ou partie d'un pied au moins dans la zone d'entrée. La descente de l'obstacle se fait après l'appui au moins de tout ou partie d'un pied dans la zone de sortie.

Le candidat franchit la ligne délimitant la piste située à 18 mètres, dépose la charge de 20 kg au sol derrière la ligne et la saisit avec l'autre main. Il réalise le trajet retour en franchissant l'obstacle dans les mêmes conditions que durant le trajet aller.

L'étape n° 2 est validée lorsque le candidat franchit entièrement le banc et pose les deux pieds au sol.

☐Etape 3 :
Cette étape se déroule à l'aide de deux marches matérialisées par une marche placée contre le banc en son centre et le banc lui-même ainsi que deux charges de 20 kg chacune (sacs à poignées centrales).

Dès la descente du banc au terme de l'étape 2, le candidat saisit la seconde charge de 20 kg placée sur la première marche. Une charge dans chaque main, soit 40 kg, le candidat effectue 10 montées et descentes sur les marches telles que définies ci-dessus.

A chaque reprise, les deux pieds ont un appui sur le sol et sur la surface supérieure du banc. Le nombre de réalisations validé est compté à voix haute par l'examinateur.

Lorsque l'examinateur a compté 10, le candidat dépose l'une des deux charges sur l'emplacement initial et termine le trajet retour de l'étape 3 pour franchir la ligne délimitant la piste située à 18 mètres.

L'étape n° 3 est validée lorsque le candidat franchit entièrement la ligne délimitant la piste.

☐Etape 4 :
Cette étape se déroule à l'aide d'une charge de 10 kg (sac à poignées) et d'un repère visuel à une hauteur de 1,60 m sur un support vertical positionné dans la zone de un mètre en bout de piste.
Le candidat saisit la charge de 10 kg placée au sol et touche alternativement le repère puis le sol sans lâcher la charge. Il répète 10 fois cet exercice.
Chaque touché au sol validé est compté à voix haute par l'examinateur.
L'étape n° 4 est validée lorsque l'examinateur a compté le dixième touché au sol.

☐Etape 5 :
Cette étape se déroule sur une piste délimitée par deux lignes espacées de 18 mètres. Un obstacle dans le sens longitudinal de la piste dont le centre est placé à mi-distance est matérialisé par un dispositif en tunnel de 3 mètres de longueur, de 1,20 mètre de largeur minimum et d'une hauteur comprise entre 65 et 70 centimètres.
Une charge de 40 kg, munie d'une sangle de 1,20 m est placée dans l'axe du tunnel au-delà de la ligne opposée dans la zone de 1 m en bout de piste.
En restant dans la zone d'un mètre en bout de piste, le candidat saisit une corde de 12 mm de diamètre (type LSPCC) reliée à la charge et la tracte vers lui sur 18 m jusqu'à ce que celle-ci franchisse entièrement la ligne délimitant la piste.
Durant la traction, au moins un pied du candidat se trouve dans la zone de 1 m en bout de piste. Le candidat saisit alors la charge par la sangle et retourne la déposer à sa place initiale en passant sous l'obstacle.
Enfin, le candidat réalise le trajet retour en passant sous l'obstacle.
L'étape n° 5 est validée lorsque le candidat franchit entièrement la ligne délimitant la piste avec au moins un pied.

☐Etape 6 :
Cette étape se déroule sur une piste délimitée par deux lignes espacées de 18 mètres.
Avant le départ, les deux pieds du candidat se trouvent avant la ligne délimitant la piste dans la zone de 1 m en bout de piste. Le candidat saisit une charge de 20 kg dans chaque main, soit 40 kg. Le candidat réalise des allers-retours sur la piste de 18 mètres.
A chaque extrémité, le candidat devra franchir entièrement la ligne délimitant la piste avec au moins un pied qui devra toucher le sol et repartir en sens inverse.
Le candidat est autorisé à poser une ou deux charges dans les zones de 1 m en bout de piste uniquement, les reprendre et poursuivre l'étape.
Si l'une ou les deux charges touchent le sol entre les deux lignes délimitant la piste de 18 m, cette distance n'est pas validée ni comptée et le candidat devra regagner l'une des zones de 1 m en bout de piste afin de poursuivre l'étape.
Chaque distance de 18 mètres validée est comptée à voix haute par l'examinateur.
L'étape n° 6 s'arrête lorsque :
- le candidat valide 15 fois la distance de 18 mètres ;
- le temps imparti est écoulé ;
- le candidat abandonne.

☐d) Barème

L'épreuve du parcours de robustesse est notée sur 20 points.
Le temps imparti est de quatre minutes pour les hommes et cinq minutes trente secondes pour les femmes.
Lorsque le temps imparti est écoulé, l'épreuve s'arrête.
Chacune des cinq premières étapes validées compte pour un point.
Au cours de l'étape 6, chacune des distances de 18 mètres validée compte pour un point.

☐3. Epreuve d'endurance d'endurance cardio-respiratoire (Luc Léger)

☐a) Tenue
Cette épreuve se déroule en tenue de sport, avec chaussures sans pointe. Un dossard numéroté identifie chaque candidat.

☐b) Description
Cette épreuve consiste à courir en navette sur une piste délimitée par deux lignes espacées de 20 mètres au rythme d'une bande sonore qui indique au candidat le nombre de paliers atteints. Les lignes font parties de la piste. En début d'épreuve, la vitesse est lente puis elle augmente par palier toutes les soixante secondes.
Avant le départ, les deux pieds du candidat se trouveront avant la ligne délimitant la piste.
Le candidat qui glisse ou tombe pendant l'épreuve est autorisé à la poursuivre dans la mesure où cette chute ne modifie pas le nombre de navettes.
Le candidat doit régler sa vitesse de manière à se trouver en bout de piste au moment où retentit le signal sonore. A chaque fois, le candidat devra franchir entièrement la ligne délimitant la piste avec au moins un pied qui devra toucher le sol et repartir en sens inverse. A chacune des extrémités de la piste, un volume de tolérance sera matérialisé au sol par une ligne, faisant partie de ce volume, tracée à un mètre avant la ligne délimitant la piste et à l'intérieur de celle-ci. Le volume de tolérance s'inscrit entre ces deux lignes. Lorsque le signal sonore retentit, le candidat devra être entré à l'aide d'une partie quelconque du pied dans le volume de tolérance d'un mètre.
L'épreuve prend fin lorsque le candidat ne peut plus suivre l'allure imposée, c'est-à-dire lorsqu'il n'est pas entré à l'aide d'une partie quelconque du pied dans le volume de tolérance d'un mètre lorsque le signal sonore retentit, lorsqu'il ne franchit pas entièrement la ligne délimitant la piste avec au moins un pied qui devra toucher le sol ou lorsqu'il abandonne.

Barème d'évaluation endurance cardio-respiratoire		
Note	Homme	Femme
20	14P	11P
19	13P45sec	10P45sec
18	13P30sec	10P30sec
17	13P15sec	10P15sec
16	13P	10P
15	12P45sec	9P45sec
14	12P30sec	9P30sec
13	12P15sec	9P15sec
12	12P	9P
11	11P30sec	8P45sec
10	11P	8P30sec
9	10P30sec	8P
8	10P	7P30sec
7	9P30sec	7P
6	9P	6P30sec
5	8P30sec	6P
4	8P	5P30sec
3	7P30sec	5P
2	7P	4P30sec
1	6P30sec	4P
0	6P	3P30sec

1.4. Epreuve d'admission : article 4 décret n°2020-1474 du 20 novembre 2020

L'épreuve d'admission consiste en un entretien individuel avec le jury à partir d'une fiche individuelle établie par le candidat, d'une durée de quinze minutes dont cinq minutes au plus de présentation, coefficient 4.

Cet entretien est destiné à permettre au jury d'apprécier la personnalité du candidat, sa motivation et ses capacités à exercer les emplois tenus par les caporaux, ainsi que ses connaissances sur l'environnement professionnel.

2 MÉTHODOLOGIE DE L'EPREUVE

1. L'épreuve du QCM

    Cette épreuve vise à sélectionner les candidats sur les connaissances indispensables pour exercer la profession de sapeur-pompier.
    Le sujet qui vous sera distribué le jour de l'épreuve comprendra entre vingt et quarante questions.

    Première étape : parcourir rapidement les questions. Ne vous jetez pas tout de suite sur le questionnaire. Survolez d'abord toutes les questions pour avoir une vision d'ensemble.

    Deuxième étape : Il est fortement conseillé de commencer en répondant aux questions dont vous avez la réponse. Gardez-vous pour la fin les questions qui vous demanderont plus de reflexion.

    Troisième étape :
    - Pour chaque question, dont vous n'êtes pas certain de la réponse travailler par élimination.
    - A partir des mots clefs et de la question, faites appel d'abord a vos connaissances avant de lire l'ensemble des propositions et essayez de mentaliser une proposition.
    - Si vous êtes stressé, respirez profondément et essayez de faire le vide en vous concentrant sur votre respiration.
    - Ensuite travaillez par élimination.

    > Attention, les ratures sur la copie de l'épreuve sont à proscrire ! cela pourrait induire une mauvaise interprétation du correcteur.

2. L'épreuve de l'étude de texte

L'épreuve de l'etude de texte dure une heure et a un coefficient de 1.

Lors de cette épreuve il est attendu :
- Une capacité du candidat à repérer et analyser les informations du texte
- Une capacité rédactionnelle
- Une capacité à ne pas faire (ou du moins à limiter) le nombre de fautes d'ortographes

L'étude de texte vise à sélectionner les candidats sur leur maîtrise de la langue française (orthographe et grammaire). Elle correspond à un diplôme de niveau V (BEP, CAP, brevet des collèges).

3 LA PRÉSENTATION ORALE

1. L'introduction

Le vêtement est la manifestation extérieure ou un vecteur de ce que vous êtes intrinsèquement. Privilégiez par défaut la sobriété.

Les garçons : évitez les cravates bariolées, les chaussures vernies, les chaussettes blanches.
Les filles : évitez les décolletés trop prononcés, les jupes trop courtes, les bijoux fantaisies ou bien les bracelets trop bruyants.

Vous n'aurez pas une deuxième chance de faire une bonne première impression en rentrant dans la salle !

Les élèments incontournables de votre présentation doivent comprendre :

- Prénom Nom,
- Age,
- Situation familiale,
- Domiciliation.

Ces éléments doivent apparaître dans une phrase structurée, ponctuée vous permettant de gérer votre débit de parole.

L'annonce du plan va susciter la curiosité chez les membres du jury et donner l'envie d'être attentif à vos propos. Ce dernier doit contenir entre deux et trois parties.

Les parties sont clairement annoncées et précises. Séduire ce n'est pas mentir, c'est susciter l'intérêt du jury !

2. La présentation

- Il n'est pas nécessaire de retracer l'ensemble de son parcours scolaire. Essayez de vous limiter à deux ou trois expériences de votre parcours professionnel.

- Mettez en avant les expériences fortes et significatives de votre parcours.

- Le sport permet de transmettre des valeurs importantes avec la profession de sapeur-pompier. Listez vos expériences ou vos activités dans le domaine du sport. Pensez à hiérarchiser ces dernières en faisant des liens avec le métier de sapeur-pompier.

- Servez-vous de vos experiences pour faire des liens sur ce que cela vous apporte.

- Faites des liens avec les valeurs que vous défendez et le métier de sapeur-pompier.

- Enumérez votre parcours d'une façon synthétique, en listant les diplômes obtenus. Vous devez absolument, au travers de votre argumentation, faire ressortir ce que votre parcours vous a apporté.

3. La conclusion

Profitez de cette très courte partie, pour affirmer votre envie d'embrasser la profession de sapeur-pompier. Le poids des mots peut à ce moment précis faire toute la difference.
A l'issue de votre prestation vous allez vous mettre à disposition des membres du jury afin de pouvoir répondre aux différentes questions. Exprimez votre sincérité au travers d'une simple phrase de cloture de presentation.
Le jury doit pouvoir se rendre compte à l'issue de votre conclusion, les raisons pour lesquelles vous souhaitez devenir sapeur-pompier.
N'oubliez pas une chose : Ce qu'on appelle manque de sincérité est tout simplement la méthode par laquelle nous multiplions nos personnalités.

4. Exemple de questions fréquemment posées à l'oral avec proposition de réponses.

   A. Expliquez l'élection du maire.

*En France les élections municipales permettent d'élire les membres du conseil municipal de chaque commune. Ceux-ci sont appelés conseillers municipaux. Ils élisent lors du premier conseil municipal le maire qui les présidera pendant 6 ans lors des conseils municipaux.

   B. Définissez l'emploi d'équipier.

*L'emploi d'équipier au sein du référentiel emplois, activités et compétences précise que l'équipier a pour mission d'intervenir au sein d'une équipe lors des opérations de secours. Cette mission se décline en trois activités principales : Lutte contre l'incendie, secours à personnes, protection des personnes, des biens ou de l'environnement.
(Cette question peut amener à décliner chaque mission de la MGO réf GDO incendies de structures p 68)

   C. Donnez votre avis sur le double statut.

*Le fait d'être double statut est complémentaire au métier de sapeur-pompier professionnel. Il permet de pouvoir mettre ses compétences professionnelles au service d'une activité de sapeur-pompier volontaire et apporte à la structure un complément d'effectif pour pallier au pic opérationnel de certains centres par exemple.

   D. Que pensez-vous des filles chez les sapeurs-pompiers ?

*Les filles qui intègrent la profession ou bien qui se projettent dans une activité de sapeur-pompier volontaire sont soumises aux mêmes tests de sélections que les hommes. A ce titre elles sont tout à fait légitimes au même titre que les hommes. De plus sur certaines missions de SAP le regard d'un personnel féminin dans l'équipe peut être facilitateur dans la prise en charge des victimes (femmes enceintes, enfants etc...).

   E. Expliquez-nous le SDACR.

*Le schéma départemental d'analyse et de couverture des risques (SDACR), élaboré sous l'autorité du préfet par le service départemental d'incendie et de secours, définit l'adéquation des moyens de secours à la réalité des risques. Le SDACR dresse ainsi l'inventaire des risques sur le département auxquels doit faire face le SDIS et détermine les objectifs de couverture de ces risques (moyens en personnels et matériels).

   F. Qu'est-ce que le devoir de réserve ?

*L'expression « devoir de réserve » désigne les restrictions de liberté d'expression que peuvent avoir les militaires et certains agents de la fonction publique, motamment les magistrats, les policiers, certains hauts fonctionnaires. L'objectif est de garantir la neutralité et l'impartialité de l'administration et de ne pas nuire à son renom. Ceux qui y sont soumis doivent, en particulier s'abstenir de faire état de leurs opinions personnelles sur des questions relatives à leur activité ou d'avoir des comportements incompatibles avec la dignité, l'impartialité ou la sérénité de leurs fonctions.

G. Pouvez-vous définir le droit de retrait ?

*Le droit de retrait permet à un agent de se retirer de sa situation de travail, et si nécessaire de quitter son lieu de travail pour se mettre à l'abri, lorsqu'il se trouve dans une situation dont il a un motif raisonnable de penser qu'elle présente un danger grave et imminent pour sa vie et sa santé.

C'est un droit et non une obligation. Pour autant le droit de retrait n'est pas applicable aux sapeurs-pompiers dans le cadre de leurs missions de secours (arrêté du 15 mars 2001). Par conséquent le droit de retrait reste applicable lors des situations non opérationnelles (sports, vie de caserne, manœuvre etc...).

En revanche la notion de repli est importante car elle reconnait aux sapeurs-pompiers, le cas échéant, l'action de se retirer face à une situation qui menace gravement et immédiatement leur sécurité.

H. Quels sont les fonctions des officiers ?

*L'officier de sapeur-pompier à une double fonction administrative et opérationnelle. C'est un technicien : -Au plan opérationnel il doit maîtriser l'ingénierie des risques, la prévention, la prévision, les risques technologiques ou naturels (RAD, RCH, FDF etc...) ; mais aussi la gestion opérationnelle, le commandement, les techniques opérationnelles. L'officier de sapeur-pompier est commandant opérations de secours. -Au plan administratif, il doit aussi connaître les rouages administratifs : gestion financière, culture administrative, droit, ressources humaines.

I. Qu'est-ce que la refonte de la filière ?

*Mise en œuvre en 2012, la réforme de la filière des sapeurs-pompiers professionnels est inspirée des travaux menés par la FNSPF et ses partenaires de la dynamique des acteurs de la sécurité civile.

Elle précise les dispositions statutaires (grades, fonctions, indices, concours, avancements...) ainsi que les modalités d'organisation et les épreuves des concours et examens professionnels.

La nouvelle filière c'est :

Diversifier les possibilités de devenir SPP – Rétablir la cohérence des grades et des emplois – Reconnaître la place et les responsabilités des sapeurs-pompiers de tout grade – Disposer de réelles perspectives de carrière en améliorant leur déroulement – Imposer la spécificité des SPP au sein de la fonction publique – Renforcer la complémentarité entre les sapeurs-pompiers – Améliorer le pouvoir d'achat.

J. Qui est le DOS ?

*Le Directeur des opérations de secours (DOS) est le préfet ou le maire qui assume la responsabilité des opérations de secours et qui dispose du commandant des opérations de secours (COS) pour la direction technique de l'intervention.

K. Combien de région en France ?

*Suite au redécoupage en 2015, il y a aujourd'hui 18 régions françaises (loi du 16 janvier 2015)

L. Est-ce que le sport est une valeur essentielle chez les sapeurs-pompiers ?

*Le sport permet le dépassement de soi, le respect de soi et de l'adversaire, la solidarité, l'esprit d'équipe, le goût de l'effort…donc oui il englobe à lui seul plusieurs valeurs importantes que l'on peut facilement transposer au métier de sapeur-pompier.

M. Que signifie l'acronyme HBE ?

*L'hélicoptère bombardier d'eau (HBE) est la force de frappe indispensable à certains SDIS pour intervenir rapidement sur des feux naissants et surtout inaccessible aux forces terrestres.

N. Comment voyez-vous votre carrière ?

*Je souhaite tout d'abord maîtriser l'ensemble des éléments techniques liés à mon emploi d'équipier dans un premier temps pour présenter le concours de sergent dès que j'en aurais la possibilité. J'aimerai me donner les moyens de pouvoir occuper des fonctions de commandement dans quelques années en devenant chef d'agrès tout engin et pourquoi pas si je satisfais aux critères du SDIS qui me recrutera devenir un jour chef de groupe (Attention cela reste une proposition de réponse qui doit être corrélée à votre parcours et vos ambitions réelles).

O. Expliquez-nous la sécurité civile.

*La sécurité civile en France associe différents moyens, principalement publics, pour venir en aide à la population et réagir, en particulier en cas de crise grave.

P. Qu'est-ce que le règlement opérationnel ?

*Il prend en considération le SDACR et les dispositions des GDO, GTO et GNR. Il fixe les consignes opérationnelles relatives aux différentes missions des SDIS et détermine l'effectif minimum et les matériels nécessaires. Il fixe également les conditions relatives au commandement des opérations de secours et détermine le délai de départ en intervention.

4 MODÈLES DE PRESENTATIONS

Vous retrouvez ici des modèles de présentations qui vous permettront de vous aider dans la réalisation de la votre. Il s'agit de vous permettre un démarrage plus facile dans votre rédaction et vous aider dans la réalisation de votre plan.

1. Exemple parcours « SPV-BSPP-BMPM »

Monsieur le Président du jury, (Madame la présidente du jury)
(Mesdames et) Messieurs les membres du jury bonjour,

Je m'appelle « Alpha DURAND », je suis né le « 14 novembre 1992 » à « Limoges en Haute Vienne région Limousin »
Actuellement, je suis célibataire, étudiant à Limoges, j'habite à Panazol chez mes parents avec ma sœur.

J'ai prévu aujourd'hui de me présenter à vous sous trois axes :
Donc dans un premier temps mon parcours scolaire, dans un second temps mon parcours sportif, puis dans un troisième temps mon parcours de sapeur-pompier volontaire.
Je finirai ma présentation en vous exposant les motivations qui me poussent à entrer dans cette profession.

Concernant mon parcours scolaire :
Je suis titulaire d'un BAC professionnel obtenu en 2012 au lycée professionnel Marcel Pagnol à Limoges. Actuellement je suis en deuxième année de BTS Négociation relation clients dans le même établissement. Ce BTS consiste à savoir analyser les comportements des consommateurs, identifier leurs besoins et savoir répondre à leurs attentes.

Ces formations m'ont permis de développer des qualités nécessaires aux relations humaines, de travailler mon savoir être et d'apprendre à atteindre des objectifs. Ces compétences sont régulièrement mises en œuvre par les sapeurs-pompiers dans l'exercice de leurs missions.

<u>**Concernant maintenant mon parcours sportif :**</u>

Je suis issu d'une famille sportive, mes parents ont toujours accordé une place importante au sport raison pour laquelle j'ai pu pratiquer depuis mon enfance différentes activités sportives en clubs comme : le judo, le handball, la natation, la course à pieds.

A travers ces activités sportives j'ai découvert des valeurs qui me tiennent à cœur, comme : la discipline, l'esprit d'équipe et la cohésion.

J'ai aussi pu pratiquer en loisir le ski alpin, la randonnée, le canyoning, ou encore le roller en ligne.
Grâce à ces différentes pratiques j'ai acquis le goût de l'effort et du dépassement de soi

Enfin, mon parcours de Sapeur-pompier volontaire :

Depuis 3 ans je suis SPV au Centre de Secours de Limoges. Après avoir validé ma formation initiale de Sapeur-Pompier Volontaire, j'ai obtenu l'ensemble des compétences me permettant de tenir l'emploi d'équipier incendie.

Le CSP Limoges est un centre mixte, nous effectuons plus de 3300 interventions en moyenne par an ce qui offre un large panel d'interventions.

Cette première affectation au sein du CSP Limoges me permet depuis juin 2012 d'acquérir une première expérience du métier et d'apprécier les qualités nécessaires à l'exercice de la profession de sapeur-pompier, comme la rigueur, le dévouement, l'obéissance ainsi que l'esprit de corps.

Je vais maintenant vous exposer les raisons pour lesquelles je me présente au concours de sapeur-pompier professionnel.

Tout d'abord, depuis longtemps j'échange avec mes parents sur leurs professions.
J'ai pu découvrir à travers leurs témoignages le plaisir et l'intérêt qu'il y a à être au service de la population.

Les échanges avec mon père sur la profession de sapeur-pompier et mon activité de sapeur-pompier volontaire m'ont permis de découvrir ce métier.

J'ai pu commencer à apprécier la diversité des opérations, les possibilités de spécialisations et d'évolutions de carrière.
J'ai aussi pris conscience de l'engagement que cela représente, du travail à fournir et de l'hygiène de vie nécessaire.

Ensuite, le dynamisme, l'esprit d'équipe ainsi que la rigueur sont des valeurs qui caractérisent ce métier et qui correspondent également à ma personnalité et répondent à mes attentes.

Ce métier me permettra de m'épanouir, j'aurai plaisir à occuper les différentes fonctions de caporal pour lesquelles je pense avoir les qualités requises telles que l'obéissance, le savoir-être, le respect et le sens des responsabilités.

Tous ces éléments me confortent dans l'idée que je veux absolument devenir sapeur-pompier professionnel.

Monsieur le Président du jury, (Mesdames et) Messieurs les membres du jury mon exposé est à présent terminé.

Je vous remercie de votre attention et je suis disponible pour répondre à vos questions.

2. Exemple parcours « vie active »

Monsieur le Président du jury, (Madame la présidente du jury)
(Mesdames et) Messieurs les membres du jury bonjour,

Je m'appelle « Bravo DURAND », je suis né le « 14 novembre 1990 » à Limoges en Haute Vienne région Limousin.

Actuellement, je suis marié, père d'un enfant de 2 ans, je suis actuellement employé en qualité d'équipier de vente au rayon surgelé du magasin Leclerc de Limoges, j'habite à Panazol commune voisine de Limoges

J'ai prévu aujourd'hui de me présenter à vous sous trois axes :
Donc dans un premier temps mon parcours scolaire, dans un second temps mon parcours sportif, puis dans un troisième temps mon parcours professionnel.
Je finirai ma présentation en vous exposant les motivations qui me poussent à entrer dans cette profession.

<u>**Concernant mon parcours scolaire :**</u>
Je suis titulaire d'un BTS professionnel Négociation relation clients obtenu au lycée professionnel Marcel Pagnol à Limoges. Ce BTS consiste à savoir analyser les comportements des consommateurs, identifier leurs besoins et savoir répondre à leurs attentes.

Ces formations m'ont permis de développer des qualités nécessaires aux relations humaines, de travailler mon savoir être et d'apprendre à atteindre des objectifs. Ces compétences sont régulièrement mises en œuvre par les sapeurs-pompiers dans l'exercice de leurs missions.

<u>**Concernant maintenant mon parcours sportif :**</u>
Je suis issu d'une famille sportive, mes parents ont toujours accordé une place importante au sport raison pour laquelle j'ai pu pratiquer depuis mon enfance différentes activités sportives en clubs comme : le judo, le handball, la natation, la course à pieds.
A travers ces activités sportives j'ai découvert des valeurs qui me tiennent à cœur, comme : la discipline, l'esprit d'équipe et la cohésion.

J'ai aussi pu pratiquer en loisir le ski alpin, la randonnée, le canyoning, ou encore le roller en ligne.

Grâce à ces différentes pratiques j'ai acquis le goût de l'effort et du dépassement de soi

<u>**Enfin, mon parcours Professionnel :**</u>

Depuis 3 ans je suis employé en qualité d'équipier de vente au rayon surgelé du centre Leclerc de Limoges. Je suis chargé de l'approvisionnement de ce rayon et responsable des commandes auprès des différents fournisseurs.

Cette activité professionnelle m'a permis de développer des qualités humaines au travers de la relation avec les différents partenaires et clients du magasin. Les responsabilités qui m'incombent dans la gestion des stocks m'amènent à faire preuve de rigueur au quotidien.

<u>Je vais maintenant vous exposer les raisons pour lesquelles je fais acte de candidature au concours de sapeur-pompier professionnel.</u>

Tout d'abord, depuis longtemps j'échange avec des collègues de travail, eux mêmes sapeurs-pompiers volontaires. J'ai au sein de ma famille un cousin qui lui-même est sapeur-pompier professionnel.

J'ai pu découvrir à travers leurs témoignages le plaisir et l'intérêt qu'il y a à être au service de la population.

J'ai pu comprendre la diversité des opérations, les possibilités de spécialisations et d'évolutions de carrière.

J'ai aussi pris conscience de l'engagement que cela représente, du travail à fournir et de l'hygiène de vie nécessaire.

Ensuite, le dynamisme, l'esprit d'équipe ainsi que la rigueur sont des valeurs qui caractérisent ce métier et qui correspondent également à ma personnalité et répondent à mes attentes.

Ce métier me permettra de m'épanouir, j'aurai plaisir à occuper les différentes fonctions de caporal pour lesquelles je pense avoir les qualités requises telles que le savoir-être, le respect et le sens des responsabilités.

Tous ces éléments me confortent dans l'idée que je veux absolument devenir sapeur-pompier professionnel.

Monsieur le Président du jury, (Mesdames et) Messieurs les membres du jury.

Je souhaite profondément devenir sapeur-pompier professionnel pour servir au sein d'un SDIS, secourir et aider mes concitoyens.

J'espère sincèrement vous avoir convaincus et je suis maintenant à votre disposition pour répondre à vos questions.

3. Exemple Complet

(Madame et Monsieur) ou (Messieurs) les membres du jury,

Je m'appelle Coralie Alpha, j'ai 29 ans, je suis célibataire sans enfant, originaire de Limoges et j'habite à St germain en Alsace.

J'articulerai ma présentation en 2 temps : mon parcours scolaire et professionnel (1) puis mes motivations (2) pour devenir sapeur-pompier professionnel.

I-   (Parcours scolaire et expérience professionnelle)

a) Tout d'abord, mon parcours scolaire ;

Après l'obtention de mon bac ES en 2007, j'étudie les sciences techniques des activités physiques et sportives à l'Université Bordeaux II. J'obtiens ma licence en 2011, puis en 2012, je me spécialise avec un BE pentathlon moderne et un Diplôme Universitaire en évaluation et préparation physique.

Ces connaissances acquises pendant mes études m'ont permis de développer une rigueur et une organisation dans le travail ainsi que des compétences sportives et collective que j'ai pu transposer à mon environnement professionnel quotidien actuel.

b) A présent, mon parcours professionnel ;

C'est en débutant ma formation de BNSSA en 2008, qui me permettra de travailler pendant 6 saisons d'été à la piscine municipale en tant que maître-nageur, que je me passionne immédiatement pour le secourisme ainsi que l'adrénaline que cela déclenche lors d'une intervention. Je décide alors en 2012 de me former à devenir monitrice de secourisme pour pouvoir réaliser les recyclages annuels mais aussi encadrer diverses formations avec l'association agréée de la croix rouge, à laquelle j'adhère encore aujourd'hui.

Parallèlement à cette activité saisonnière, j'ai l'opportunité de mettre à profit mes compétences acquises au cours de mes études pour entraîner le StJean Etudiant Club section pentathlon moderne et section sauvetage pendant 2 ans, grâce à un contrat aidé de 29h par semaine. Egalement l'école de rugby, sport que j'affectionne particulièrement depuis l'enfance, tant grâce aux valeurs qu'il véhicule que par la pratique en elle-même. J'ai eu le plaisir d'y jouer 10 ans et de diriger la section mes 2 dernières années.

Mais l'idée de trouver un travail polyvalent techniquement orienté vers les autres avec des valeurs d'équipe et de collectif a fini par faire son chemin.

En 2014 je choisie d'incorporer la BSPP. A l'issue de la formation, je suis affecté à la 18ème CIE, au CS « alpha », dans le Val de Marne, et signe mon contrat de 5 ans. Je m'engage alors dans la vie de caserne et montre ma détermination par la réussite de mon intégration dans un centre exclusivement masculin avant mon arrivée. Cette caserne assure près de 7500 départs à l'année, avec 3 engins.

Récemment propriétaire et installée, je décide en parallèle de mon métier, de mener une activité de SPV au CPI de « bravo », pour y découvrir les particularités de notre belle région.

Cette activité me conforte dans l'idée de poursuivre cette voie et ainsi, à l'issue de mon contrat, je veux définitivement devenir sapeur-pompier professionnel. Je vais donc vous démontrer toutes mes motivations…

II- (Motivations :)

Aujourd'hui être sapeur-pompier représente pour moi la diversité, l'entraide, l'esprit de corps et l'altruisme. Ce côté humain de la profession et tourné vers les autres, m'a séduit dès le premier jour. Cette envie de me rendre utile et d'aider la population fait partie de mon équilibre, au même titre que le dépassement de soi exigé lors des opérations. Ce besoin d'action fait aujourd'hui partie de ma vie, ainsi que le rythme atypique qu'impose le métier.

J'ai aussi pris conscience de l'engagement que cela représente, du travail à fournir et de l'hygiène de vie nécessaire. C'est pourquoi je pratique le cross fit dans une box affiliée depuis 3ans. Je retrouve en cette discipline les compétences exigées dans notre corps de métier.

Le dynamisme, l'esprit d'équipe et la rigueur, sont des valeurs qui caractérisent cette profession. Elles correspondent à ma personnalité et à mon éducation et répondent donc à mes attentes.

Enfin mon goût pour l'uniforme et l'image qu'il renvoi à la population fait partie intégrante de mes convictions et de ce que je compte continuer à véhiculer.

Je souhaite pleinement réussir ce concours pour continuer de développer et enrichir mon expérience mais aussi continuer de vibrer lors d'interventions complexes.

L'obtention, ces dernières années du permis PL et du permis bateau, m'ont donné envie de découvrir des domaines que je n'ai pas l'occasion de connaître à la brigade.

L'expérience de Paris a été un tremplin pour me faire découvrir ce métier qui est devenu une passion aujourd'hui... Intégrer les rangs d'un SDIS, me permettrait de poursuivre mon engagement et de m'épanouir pleinement.

Messieurs les membres du jury, mon exposé est terminé. Merci de votre attention. Je suis disponible pour vos questions.

4. Exemple vierge

Entrée dans la salle

Monsieur le Président du jury, (Madame la présidente du jury) (Mesdames et) Messieurs les membres du jury bonjour,

Ou

Madame, messieurs les membres du jury bonjour,

Début des 5 minutes de présentation.

A - Introduction.

Je m'appelle (Prénom NOM), je suis né le (Date et lieu de naissance) (région). Actuellement, je suis (Situation familiale), (Activité actuelle), (Lieu de résidence)

Ou

Je m'appelle (Prénom NOM), j'ai (age), je suis (marié, célibataire), et je suis le (père ou mère de X enfants âgés de « ages des enfants »). Je suis actuellement affecté au sein de CIS (donner le nom de sa caserne) ou j'occupe l'emploi d' (équipier, chef d'équipe etc…) au grade de (sapeur, caporal etc…)

B - Présentation du plan.

J'ai prévu aujourd'hui de me présenter à vous en abordant (Nombre de parties deux ou trois selon expérience) :

Donc dans un premier temps mon parcours (Choix 1), dans un second temps mon parcours (Choix 2), puis dans un troisième temps (Choix 3).

Je finirai ma présentation en vous exposant les motivations qui me poussent à entrer dans cette profession.

Ou

Je débuterai mes propos par la présentation de mes parcours professionnel et scolaire, puis j'aborderai dans un second temps l'exposé des motivations qui me conduisent aujourd'hui à présenter le concours de caporal de sapeur-pompier professionnel.

C - Plan.

Concernant mon parcours (Choix 1) :

Selon votre choix, par exemple parcours scolaire, présenter votre diplôme le plus haut avec le lieu de formation et l'année de validation.
Faire systématiquement un lien avec votre future fonction de Sapeur-Pompier Professionnel.
Qualités développées durant votre formation.

Exemple choix 1 :

Cette formation m'a permis de développer des qualités nécessaires aux relations humaines, de travailler mon savoir être et d'apprendre à atteindre des objectifs. Ces compétences sont régulièrement mises en œuvre par les sapeurs-pompiers dans l'exercice de leurs missions.

Concernant maintenant mon parcours (Choix 2) :

Selon votre choix, par exemple parcours sportif, présenter les différentes activités sportives pratiquées en club ou en loisir.
La encore faire un lien avec les qualités attendues d'un futur Sapeur-Pompier Professionnel.

Exemple choix 2 :

A travers ces activités sportives j'ai découvert des valeurs qui me tiennent à cœur, comme : la discipline, l'esprit d'équipe et la cohésion.
Grâce à ces différentes pratiques j'ai acquis le goût de l'effort et du dépassement de soi

Enfin, mon parcours (Choix 3) :

Selon votre choix, par exemple parcours en qualité de Sapeur-Pompier Volontaire, présenter succinctement votre parcours en tant que SPV.
Affectation actuelle avec descriptif opérationnel (fonctionnement, nombre d'intervention annuelles), les diplômes SP obtenus.
Il est important, si vous abordez la partie SPV, de faire un lien direct avec les qualités intrinsèques d'un SPP.

Exemple choix 3 :

Cette affectation au sein du centre de secours de (X) me permet depuis (nombre d'année ou date d'affectation) d'acquérir une expérience du métier et d'apprécier les qualités nécessaires à l'exercice de la profession de sapeur-pompier, comme la rigueur, le dévouement, l'obéissance ainsi que l'esprit de corps.

D - Motivations.

Je vais maintenant vous exposer les raisons pour lesquelles je fais acte de candidature au concours de sapeur-pompier professionnel.

Aborder la naissance de l'idée de devenir SPP.
Faire une synthèse des expériences listées ci-dessus.

Mettre en avant vos propres qualités afin de les transposer à la profession de SPP.

Vous trouverez quelques exemples ci-dessous :

Apprécier la diversité des opérations, les possibilités de spécialisations et d'évolutions de carrière.
L'engagement que cela représente, du travail à fournir et l'hygiène de vie nécessaire.

Le dynamisme, l'esprit d'équipe ainsi que la rigueur sont des valeurs qui caractérisent ce métier et qui correspondent également à ma personnalité et répondent à mes attentes.

Ce métier me permettra de m'épanouir, j'aurai plaisir à occuper les différentes fonctions de caporal pour lesquelles je pense avoir les qualités requises telles que l'obéissance, le savoir-être, le respect et le sens des responsabilités.

E - Synthèse

Tous ces éléments me confortent dans l'idée que je veux absolument devenir sapeur-pompier professionnel.

Ou

Enfin, fort de ma rigueur, de mon envie de bien faire je souhaite aujourd'hui plus que tout devenir sapeur-pompier professionnel pour continuer à mener à bien nos missions de service public.

F – Clôture et mise à disposition du jury.

Exemple :

Monsieur le Président du jury, (Mesdames et) Messieurs les membres du jury.
Je souhaite profondément devenir sapeur-pompier professionnel pour servir au sein d'un SDIS, secourir et aider mes concitoyens.
J'espère sincèrement vous avoir convaincus et je suis maintenant à votre disposition

pour répondre à vos questions.

Ou

Monsieur le président, messieurs les membres du jury, mon exposé est à présent terminé. Je vous remercie de votre écoute et je suis disponible pour répondre à vos questions.

Vous avez terminé ces présentations découpées. Vous pouvez maintenant vous les approprier et commencer à structurer votre propre présentation. N'hésitez pas à commencer dès le début de vos révisions à ecrire votre présentation ce qui vous permettra de la maitriser parfaitement le jour de l'entretien.

5 PARTIE QCM

L'ensemble des QCM sont réalisés en s'appuyant des différents GTO, GDO, recommandations PSE 2019 et NIT.
Vous pourrez retrouver **une ou plusieurs bonnes réponses** dans chaque QCM.

A VOUS DE JOUER !

1 Quel moyen mnémotechnique permet de mémoriser les différentes phases d'une intervention pour une personne bloquée dans un ascenseur ?

- ☐ .1 S.E.C.U.R.I.T.E
- ☐ .2 S.Y.S.T.E.M.E
- ☐ .3 O.T.I.S
- ☐ .4 M.O.N.T.E.R

2 Quel(s) type(s) d'ascenseur(s) exsitent-ils ?

- ☐ .1 Hydraulique
- ☐ .2 Pneumatique
- ☐ .3 Electrique
- ☐ .4 Thermique

3 Quelles sont les causes possibles de blocage d'un ascenseur ?

- ☐ .1 Panne électrique
- ☐ .2 Panne moteur
- ☐ .3 Défaut de fonctionnement des freins
- ☐ .4 Surcharge intérieure cabine

4 A quel niveau ramène-t-on la cabine d'un ascenseur ?

- ☐ .1 Au niveau supérieur de préférence
- ☐ .2 Au niveau inférieur de préférence
- ☐ .3 Au RDC de préférence
- ☐ .4 Au dernier étage de préférence

5 Quel risque est-on susceptible de rencontrer lors d'une manœuvre de secours sur un ascenseur hydraulique ?

- ☐ .1 Une décharge électrique
- ☐ .2 Une projection d'huile hydraulique
- ☐ .3 Une explosion du vérin principal
- ☐ .4 Un blocage généralisé de l'ascenseur

6   Quel(s) circuit(s) électrique(s) fonctionne(ent) toujours malgré la coupure de l'alimentation électrique d'un ascenseur ?

- ☐ .1 Eclairage cabine
- ☐ .2 Eclairage du local machinerie
- ☐ .3 Dispositif de demande de secours
- ☐ .4 Eclairage du hall principal

7   Quelles sont les 3 étapes majeures à respecter avant de quitter les lieux d'une intervention pour personne bloquée dans un ascenseur ?

- ☐ .1 Vérifier que l'ascenseur soit bien resté hors tension.
- ☐ .2 Prévenir le responsable de l'immeuble pour la mise à l'arrêt de l'ascenseur
- ☐ .3 S'assurer du verrouillage de toutes les portes palières
- ☐ .4 Laisser l'ascenseur ouvert au RDC

8   Où peut se trouver l'appareillage électrique si l'ascenseur est dépourvu de local machinerie ?

- ☐ .1 Au RDC
- ☐ .2 Sur le dernier palier avec mention « accès à la manœuvre de secours »
- ☐ .3 Dans la cabine de l'ascenseur
- ☐ .4 Il y a forcément un local machinerie en partie haute

9   Quels sont les éléments principaux qui composent un ascenseur ?

- ☐ .1 Une cabine
- ☐ .2 Un contrepoids
- ☐ .3 Un treuil
- ☐ .4 Une machinerie

10   Lors des opérations diverses, quels devoirs le SP doit exercer dans les relations avec les sinistrés ?

- ☐ .1 Les devoirs moraux
- ☐ .2 Les devoirs légaux
- ☐ .3 Les devoirs règlementaires
- ☐ .4 Les devoirs classiques

11 Lors d'une opération pour "Ouverture de porte", peut-on pénétrer dans un domicile sans y avoir été invité ?

- ☐ .1 Oui en tant que sapeur-pompier
- ☐ .2 Non il faut attendre la police
- ☐ .3 Non sauf nécessité d'assistance à personne en péril
- ☐ .4 Oui si une personne inonde son appartement

12 Faut-il sonner au domicile d'une personne menaçant de faire une tentative de suicide ?

- ☐ .1 Oui pour annoncer sa venue
- ☐ .2 Oui pour ne pas s'exposer à une mauvaise réaction
- ☐ .3 Oui car c'est un lieu privé
- ☐ .4 Non car il faut agir avec précaution

13 Quelles sont les 2 missions principales des SP concernant le risque animalier ?

- ☐ .1 Animal à amener à la SPA
- ☐ .2 Animal perdu
- ☐ .3 Animal menacé, en danger sur la voie publique
- ☐ .4 Animal présentant un danger pour l'homme

14 Comment catégorise-t-on les animaux en opération DIV ?

- ☐ .1 Les espèces domestiques
- ☐ .2 Les espèces non domestiques
- ☐ .3 Les canidés
- ☐ .4 Les NAC

15 Quels sont les tempéraments que l'on retrouve chez les canidés ?

- ☐ .1 Indépendant
- ☐ .2 Tendre
- ☐ .3 Craintif
- ☐ .4 Soumis

16 Quel(s) est (sont) le(s) risque(s) que l'on peut rencontrer au contact d'un bovin ?

- ☐ .1 Risque d'encornage
- ☐ .2 Risque de bave
- ☐ .3 Risque de morsure
- ☐ .4 Risque de coups de tête

17 Quel moyen peut être demandé si la mission animalère dépasse les compétences du personnel non formé ?

- ☐ .1 Les équipes VSAV
- ☐ .2 Un FPT
- ☐ .3 Le DDSIS
- ☐ .4 Le vétérinaire SP

18 A l'approche d'un animal, qu'est ce que la ligne de fuite ?

- ☐ .1 Distance qui lui permet de courir plus vite
- ☐ .2 Distance entre lui et le vétérinaire
- ☐ .3 Distance lui offrant la possibilité de s'enfuir
- ☐ .4 Ligne droite la plus rapide pour lui

19 A l'approche d'un animal, qu'est-ce que la ligne critique ?

- ☐ .1 Il s'agit de l'espace vital normal de l'animal
- ☐ .2 Il se sent mourir
- ☐ .3 Il veut partir
- ☐ .4 Il ne peut plus marcher

20 Que signifie l'acronyme N.A.C

- ☐ .1 Nouvelle Approche de Compagnie
- ☐ .2 Nouveaux Animaux de Compagnie
- ☐ .3 Nouveaux Animaux Complices
- ☐ .4 Aucune réponse ne convient

21   Quel matériel permet d'anésthésier un animal à distance ?

☐ .1 Le fusil hypodermique
☐ .2 Le fusil hypoallergénique
☐ .3 Le fusil hypradermique
☐ .4 Le fusil hypertonique

22   Quels sont les hyménoptères les plus communéments rencontrés lors des missions SP ?

☐ .1 Les serpents
☐ .2 Les arraignées
☐ .3 Les abeilles
☐ .4 Les guêpes

23   Quels sont les risques pour une victime à la suite d'une piqure d'hyménoptère ?

☐ .1 Infection locale
☐ .2 Malaise
☐ .3 Décè
☐ .4 Réaction allergique

24   Quelle est la composition de l'air ?

☐ .1 78% d'azote
☐ .2 21% d'oxygène
☐ .3 1% Gaz rares
☐ .4 21% H2O

25   Par quel(s) phénomène(s) se manifestent une explosion ?

☐ .1 L'effet de souffle
☐ .2 Un incendie
☐ .3 Un dégagement de chaleur
☐ .4 Une onde de choc

26 Comment se définie la L.I.E ?

- ☐ .1 Limite inférieur d'explosivité
- ☐ .2 Elle s'exprime en pourcentage (%)
- ☐ .3 Elle s'exprime en ppm
- ☐ .4 Concentration au dessus de laquelle le gaz peut être enflammé

27 Comment se définie la L.S.E ?

- ☐ .1 Limite supérieure d'explosivité
- ☐ .2 Elle s'exprime en pourcentage (%)
- ☐ .3 Elle s'exprime en ppm
- ☐ .4 Concentration au dessous de laquelle le gaz peut être enflammé

28 Quels éléments manquent dans la L.I.E et la L.S.E pour amorcer une réaction ?

- ☐ .1 L.I.E : Le combustible
- ☐ .2 L.I.E : Le comburant
- ☐ .3 L.S.E : Le comburant
- ☐ .4 L.S.E : Le combustible

29 Quels sont les catégories de centres de secours ?

- ☐ .1 CIS
- ☐ .2 CPI
- ☐ .3 CSP
- ☐ .4 CS

30 Où doit-on allumer un explosimètre ?

- ☐ .1 Au départ du centre de secours
- ☐ .2 En zone saine
- ☐ .3 Au moment de la mesure à effectuer
- ☐ .4 En zone d'exclusion

31   Combien y a-t-il de seuil(s) d'alarme(s) sur un explosimètre ?

  ☐ .1 Un seuil d'alarme
  ☐ .2 Deux seuils d'alarmes
  ☐ .3 Trois seuils d'alarmes
  ☐ .4 Quatre seuils d'alarmes

32   Est-ce que les poussières inflammables peuvent être détectées par l'explosimètre ?

  ☐ .1 Oui cela permet de détecter l'explosion de poussières
  ☐ .2 Non cela n'est pas détecté
  ☐ .3 Oui cela donne la valeur en ppm de poussières
  ☐ .4 Aucune réponse ne convient

33   Quels sont les différents facteurs susceptibles d'influer sur le fonctionnement d'un explosimètre ?

  ☐ .1 L'humidité ambiante
  ☐ .2 Des températures très élevées
  ☐ .3 Des températures très basses
  ☐ .4 Les substances soufrées

34   Qu'est-ce que le comburant ?

  ☐ .1 C'est l'air contenu dans l'oxygène
  ☐ .2 C'est l'oxygène contenu dans l'air
  ☐ .3 C'est la flamme pilote
  ☐ .4 C'est l'énergie d'activation

35   Quelles sont les grandes familles des matériels d'épuisement et d'assèchement ?

  ☐ .1 Les motopompes thermiques
  ☐ .2 Les pompes hydrauliques
  ☐ .3 Les pompes électriques
  ☐ .4 Les aspirateurs à eau

36 Quelle est la formule à utiliser pour le calcul d'un volume d'une cave rectangulaire ?

- ☐ .1 Volume = Longueur (m) x Largeur (m) x Hauteur (m)
- ☐ .2 Volume = Longueur (m) x Largeur (m) / Hauteur (m)
- ☐ .3 Volume = Longueur (m) / Largeur (m) x Hauteur (m)
- ☐ .4 Volume = Longueur (m) + Largeur (m) + Hauteur (m)

37 Quel est le volume à aspirer d'un local inondé de 3,5m de long sur 1,75m de large et d'une hauteur d'eau de 49cm ?

- ☐ .1 3000 litres
- ☐ .2 4000 litres
- ☐ .3 5000 litres
- ☐ .4 6000 litres

38 Quelle(s) précaution(s) faut-il prendre pour l'utilisation d'un aspirateur à eau ?

- ☐ .1 Utiliser une prise de courant munie d'une prise de terre
- ☐ .2 Veuiller à ne pas avoir d'écoulement d'eau ou de projection sur l'appareil
- ☐ .3 Utiliser et transporter l'aspirateur toujours debout
- ☐ .4 Rincer et laisser sécher l'appareil à l'issue de l'intervention

39 Quelles sont les parties d'une pompe électrique ?

- ☐ .1 Une partie électrique contenant le moteur et sa protection
- ☐ .2 Une partie hydraulique contenant une turbine
- ☐ .3 Une partie thermique permettant de prendre le relais en cas de panne
- ☐ .4 Un réservoir d'huile de refroidissement

40 En tronçonnage, quel endroit du guide est véritablement dangereux lors de l'utilisation de la tronçonneuse ?

- ☐ .1 Le carter bas
- ☐ .2 La chaine la plus proche du frein
- ☐ .3 Le bout du guide
- ☐ .4 La partie basse du guide

41 Quelles sont les règles de précaution d'emploi des tuyaux ?

☐ .1 Utiliser le moins possible de tuyaux
☐ .2 Eviter les enchevêtrements
☐ .3 Eviter les plis
☐ .4 Eviter les coudes

42 Cochez ce qui fait partie de la famille des pièces de jonction ci-dessous ?

☐ .1 Les retenues
☐ .2 Les vannes
☐ .3 Les coudes d'alimentation
☐ .4 Les bouchons

43 Quels sont les différents types de tuyaux incendies ?

☐ .1 Tuyaux de refoulement
☐ .2 Tuyaux d'alimentation
☐ .3 Tuyaux d'aspiration
☐ .4 Tuyaux souples

44 Dans le cadre de l'établissement d'une ligne d'attaque sur prise d'eau quel matériel prend l'équipier ?

☐ .1 Un ARI
☐ .2 Un tuyau diamètre 70
☐ .3 Deux tuyaux diamètre 70
☐ .4 Une commande

45 Dans le GTO "Etablissements et techniques d'extinction", combien de manoeuvres de base trouve-t-on ?

☐ .1 Six manoeuvres
☐ .2 Sept manoeurves
☐ .3 Huit manoeuvres
☐ .4 Neuf manoeuvres

46 Quelle est la longueur règlementaire d'une LDT selon le GTO "Etablissements et techniques d'extinction" ?

- ☐ .1 Constitué de 20 à 40 m de tuyaux semi rigide
- ☐ .2 Constitué de 40 à 60 m de tuyaux semi rigide
- ☐ .3 Constitué de 40 à 80 m de tuyaux semi rigide
- ☐ .4 Constitué de 60 à 100 m de tuyaux semi rigide

47 Que signifie "RIM" ?

- ☐ .1 Règlement d'information et de manoeuvres
- ☐ .2 Règlement d'instruction et de manoeuvres
- ☐ .3 Règlement d'instruction manoeuvrable
- ☐ .4 Règlement d'information des manoeuvres

48 « Pour l'établissement d'une LDV 500 sur une division d'alimentation, avec le dévidoir mobile, en reconnaissance » est un ordre ?

- ☐ .1 Exécutoire
- ☐ .2 Préparatoire
- ☐ .3 Initial
- ☐ .4 Final

49 Combien comprend de phases la MGO selon le GTO "Etablissements et techniques d'extinction" ?

- ☐ .1 7 étapes
- ☐ .2 9 étapes
- ☐ .3 11 étapes
- ☐ .4 13 étapes

50 Parmis les réponses ci-dessous quelles sont les prises d'eau ?

- ☐ .1 Engin pompe
- ☐ .2 Poteau incendie
- ☐ .3 Bouche incendie
- ☐ .4 Colonne sèche

51 Lorsque le chef d'agrès termine sa phrase par « établissez ! » il s'agit d'un ordre ?

- ☐ .1 Initial
- ☐ .2 Préparatoire
- ☐ .3 Exécutoire
- ☐ .4 Final

52 Selon sa défintion l'échelle à crochet est un matériel de ?

- ☐ .1 Reconnaissance
- ☐ .2 Etablissement
- ☐ .3 Sauvetage
- ☐ .4 Prolongation

53 Quel est l'armement normalisé d'un dévidoir à bobine ?

- ☐ .1 100 à 160m de tuyaux de diamètre 70
- ☐ .2 140 à 200m de tuyaux de diamètre 70
- ☐ .3 160 à 240m de tuyaux de diamètre 70
- ☐ .4 180 à 280m de tuyaux de diamètre 70

54 Quelle est la longueur normalisée d'un tuyau de diamètre 70

- ☐ .1 10m
- ☐ .2 20m
- ☐ .3 30m
- ☐ .4 40m

55 Que signifie l'acronyme S.D.I.S ?

- ☐ .1 Service du département d'incendie et de secours
- ☐ .2 Service départemental d'incendie et de secours
- ☐ .3 Service départemental d'incendie et de soins
- ☐ .4 Service du département d'incendie et de soins

56 Quelle est la position d'attente d'une victime qui présente des difficultés à respirer ?

☐ .1 Allongée
☐ .2 Assise
☐ .3 Demi-assise
☐ .4 Sur le côté

57 Quelle(s) sont les principale(s) cause(s) d'un incendie ?

☐ .1 Humaines
☐ .2 Naturelles
☐ .3 Energétiques
☐ .4 Inconnues

58 Cochez les différents modes de propagation d'un incendie :

☐ .1 Par rayonnement
☐ .2 Par convection
☐ .3 Par conduction
☐ .4 Par déplacement

59 Qu'est-ce que la combustion ?

☐ .1 Réaction chimique exothermique d'oxydoréduction entre un combustible et un comburant
☐ .2 Réaction explosive de chaleur entre un combustible et un comburant
☐ .3 Réaction chimique endothermique d'oxydoréduction entre un combustible et un comburant
☐ .4 Réaction physico-chimique entre 2 matières sous une flamme pilote

60 La classe de feux F correspond :

☐ .1 Feux de métaux
☐ .2 Feux de gaz
☐ .3 Feux d'huiles et graisses végétales
☐ .4 Feux dit « gras »

61 Quels procédés d'extinction connaissez-vous ?

- ☐ .1 Par refroidissement
- ☐ .2 Par étouffement
- ☐ .3 Par soufflage
- ☐ .4 Part dispersion

62 Qu'est-ce que la prévention ?

- ☐ .1 Eviter la naissance d'un sinistre
- ☐ .2 Appréhender les risques incendies
- ☐ .3 Organiser les dispositifs opérationnels
- ☐ .4 Déceler un incendie dès son éclosion

63 Qu'est-ce que la prévision ?

- ☐ .1 Eviter la naissance d'un sinistre
- ☐ .2 Appréhender les risques incendies
- ☐ .3 Organiser les dispositifs opérationnels
- ☐ .4 Déceler un incendie dès son éclosion

64 Quels sont les objectifs de la prévention ?

- ☐ .1 Permettre l'évacuation des personnes
- ☐ .2 Limiter les risques d'éclosion
- ☐ .3 Limiter la propagation d'un incendie
- ☐ .4 Faciliter l'intervention des secours

65 Quels sont les différents agents extincteurs que vous connaissez ?

- ☐ .1 L'eau sans additif
- ☐ .2 Les poudres
- ☐ .3 Les mousses
- ☐ .4 Le dioxyde de carbone

66   Quel est l'objectif de la reconnaissance (en incendie) ?

☐ .1 Réaliser plus rapidement les sauvetages
☐ .2 Explorer les endroits exposés à l'incendie
☐ .3 Discerner les matières qui brûlent
☐ .4 Identifier les points d'attaque

67   La pression s'exprime en bar. Un bar correspond à :

☐ .1 $1g/mm^2$
☐ .2 $1kg/mm^2$
☐ .3 $1kg/cm^2$
☐ .4 $1kg/m^2$

68   Qu'est-ce qu'une mise en sécurité ?

☐ .1 Procéder à un sauvetage
☐ .2 Faire évacuer à l'exterieur toutes les personnes
☐ .3 Mettre en sûreté toute personne à la suite d'un sinistre de moindre ampleur
☐ .4 Effectuer une mesure préventive afin de parer à un risque ultérieur éventuel

69   Quel est le matériel nécessaire dont doit se munir l'équipier BAT lors de l'établissement de la LDT ?

☐ .1 Un ARI
☐ .2 Une lampe
☐ .3 Une commande
☐ .4 Tuyaux de diamètre 25 ou 33

70   Quel est le matériel nécessaire dont doit se munir l'équipier BAL pour l'établissement d'une division d'attaque ?

☐ .1 Un ARI
☐ .2 Une lampe
☐ .3 Un à 3 tuyaux en couronne ou écheveau
☐ .4 Une commande

71 En phase d'attaque, que veut dire l'action de "circonscrire le feu" ?

☐ .1 Attaquer le déblai
☐ .2 Le feu est éteint
☐ .3 Le feu ne peut plus progresser
☐ .4 Le feu continue de progresser

72 En quoi consiste la surveillance d'un feu ?

☐ .1 Eviter la propagation de l'incendie
☐ .2 Empêcher la reprise du feu
☐ .3 Temporiser la propagation du feu
☐ .4 Attendre que les déblais ne se consumment plus

73 Quel est le moyen mnémotechnique utilisé concernant la technique de progression dans un volume en feu ?

☐ .1 R.A.P.A.C.E
☐ .2 T.O.T.E.M
☐ .3 T.O.T.E.E.M
☐ .4 T.O.O.T.E.M

74 Donner la définition d'un "Backdraft" :

☐ .1 Fumées surchauffées, accumulées dans un volume clos, explosant lors d'un apport d'air.
☐ .2 Fumées surchauffées, accumulées dans un volume semi-clos, explosant lors d'un apport d'air.
☐ .3 Dans un volume semi-ouvert, passage instantané d'une situation de feu localisé à un embrasement généralisé des matériaux
☐ .4 Dans un volume clos, passage instantané d'une situation de feu localisé à un embrasement généralisé des matériaux

75 Quels sont les signes traduisant une forte intensité thermique à l'intérieur d'un volume clos ?

☐ .1 Fumées grasses et chargées
☐ .2 Fumées sortant par bouffées
☐ .3 Couleur très blanche des fumées
☐ .4 Violentes flammes

76 Donner la définition d'un "Flashover" :

☐ .1 Fumées surchauffées, accumulées dans un volume clos, explosant lors d'un apport d'air.
☐ .2 Fumées surchauffées, accumulées dans un volume semi-clos, explosant lors d'un apport d'air.
☐ .3 Dans un volume semi-ouvert, passage instantané d'une situation de feu localisé à un embrasement généralisé des matériaux
☐ .4 Dans un volume clos, passage instantané d'une situation de feu localisé à un embrasement généralisé des matériaux

77 Quelles sont les conséquences majeures d'un embrasement généralisé ?

☐ .1 Propager l'incendie
☐ .2 Destabiliser le dispositif de lutte et de secours
☐ .3 Que les binômes aient très chaud
☐ .4 Ne plus maîtriser l'incendie

78 Quel moyen permet d'évaluer le danger dans un volume semi-ouvert ?

☐ .1 Ventiller le local
☐ .2 Fermer les ouvrants
☐ .3 Le test du plafond avec la lance
☐ .4 Un bon chef d'agrès

79 Quel est le moyen mnémotechnique utilisé concernant la lecture du feu ?

☐ .1 F.F.C.O.S
☐ .2 R.A.P.A.C.E
☐ .3 T.O.O.T.E.M
☐ .4 S.M.E.S

80 Face à des signes de "backdraft" sans exutoire possible, quelle est l'attitude à adopter ?

☐ .1 Création en partie haute d'un orifice réduit donnant à l'intérieur
☐ .2 Création en partie basse d'un orifice réduit donnant à l'intérieur
☐ .3 Introduire immédiatement la LDV 500 en jet diffusé pour inerter le volume
☐ .4 Introduire immédiatement la LDV 500 en jet droit pour inerter le

volume

81 Que signifie l'acronyme LSPCC ?

☐ .1 Lot de secours et de protection contre les chutes
☐ .2 Lot de secours et de pré-tension contre les chutes
☐ .3 Lot de sauvetage et de protection contre les chutes
☐ .4 Lot de sauvetage et de pré-tension contre les chutes

82 Donner les causes de réforme immédiate des agrès en fibres synthétiques du LSPCC :

☐ .1 Exposition à la fumée
☐ .2 Exposition à une atmosphère viciée
☐ .3 Exposition à une atmosphère corrosive
☐ .4 Perte de souplesse de la corde

83 Comment s'effectue l'entretien et le nettoyage d'une corde du LSPCC ?

☐ .1 Lavage à l'eau chaude
☐ .2 Lavage à l'eau froide
☐ .3 Lavage en machine à laver
☐ .4 Lavage avec du détergent

84 Combien de manœuvre sont réalisables avec le LSPCC ?

☐ .1 Deux manoeuvres
☐ .2 Trois manoeuvres
☐ .3 Quatre manoeuvres
☐ .4 Cinq manoeuvres

85 Quels sont les nœuds réalisables en intervention LSPCC ?

☐ .1 Nœud de Huit
☐ .2 Nœud de chaise
☐ .3 Nœud français
☐ .4 Nœud de sangle

86   Dans la manoeuvre spécifique (LSPCC), quel est le point de sécurité à respecter pour le passage au vide de la victime ?

☐ .1 La hauteur entre le 8 descendeur et le point d'appui sur le passage au vide de la corde doit obligatoirement être supérieur à 20cm
☐ .2 La hauteur entre le 8 descendeur et le point d'appui sur le passage au vide de la corde doit obligatoirement être supérieur à 40cm
☐ .3 La hauteur entre le 8 descendeur et le point d'appui sur le passage au vide de la corde doit obligatoirement être supérieur à 60cm
☐ .4 La hauteur entre le 8 descendeur et le point d'appui sur le passage au vide de la corde doit obligatoirement être supérieur à 80cm

87   Est-il possible de mettre en sécurité une personne se trouvant au dernier étage d'un bâtiment R+12 au moyen du LSPCC ?

☐ .1 Oui
☐ .2 Non
☐ .3 Oui avec 2 LSPCC
☐ .4 Non c'est maximum 10 étages

88   Après engagement avec le LSPCC, quelle(s) verification(s) doit(vent) être effectuée(s) ?

☐ .1 Détection tactile de corps étranger
☐ .2 Détection visuelle des pièces métalliques
☐ .3 Détection sur la couleur de la corde
☐ .4 Aucune vérification n'est nécessaire

89   Quel est le nombre minimum de connecteurs (ou mousquetons) d'un LSPCC ?

☐ .1 6 connecteurs au minimum
☐ .2 7 connecteurs au minimum
☐ .3 8 connecteurs au minimum
☐ .4 9 connecteurs au minimum

90   Quels sont les éléments optionnels d'un LSPCC ?

☐ .1 La protection de corde
☐ .2 La cordelette

☐ .3 Le mousqueton à verouillage automatique
☐ .4 Le harnais

91 Lors d'une intervention LSPCC quels types d'ancrage peut-on trouver ?

☐ .1 Ancrages naturels
☐ .2 Ancrages structurels
☐ .3 Ancrages artificiels
☐ .4 Ancrages sapeurs-pompiers

92 Quelle est la formule permettant de calculer la pression de refoulement d'un engin pompe ?

☐ .1 Pression refoulement=pertes de charge tuyaux+dénivelé
☐ .2 Pression refoulement=pertes de charge à la lance+dénivelé
☐ .3 Pression refoulement=pertes de charge tuyaux+dénivelé+carré du débit
☐ .4 Aucune réponse ne convient

93 Quel est le calcul théorique du piétage d'une échelle à coulisse ?

☐ .1 1/3 de la hauteur déployée + 0,60m
☐ .2 1/5 de la hauteur déployée + 0,60m
☐ .3 1/5 de la hauteur déployée + 0,80m
☐ .4 1/3 de la hauteur déployée + 0,80m

94 Selon le GTO « établissements et techniques d'extinction » quelle est la distance maximale à laquelle un conducteur peut s'alimenter à l'hydrant ?

☐ .1 10m
☐ .2 20m
☐ .3 40m
☐ .4 Cette notion ne peut être quantifiée rigoureusement

95 Quel document règlemente les caractéristiques des échelles à mains ?

☐ .1 Le GTO établissements et techniques d'extinction
☐ .2 Le RIM
☐ .3 La Note d'Information Technique 331
☐ .4 Le GDO incendies de structures

96 Quelle est la longeur minimum (normalisée) déployée d'une échelle à coulisse grand modèle ?

- ☐ .1 8,20m
- ☐ .2 8,40m
- ☐ .3 8,60m
- ☐ .4 8,80m

97 Quelle est la largeur minimum entre montants d'une échelle à crochet ?

- ☐ .1 15cm
- ☐ .2 17cm
- ☐ .3 21cm
- ☐ .4 23cm

98 Quel matériel doit se munir le conducteur d'un engin pompe pour procéder à l'alimentation d'un engin pompe sur une bouche à l'aide d'une ligne de diamètre 70 ?

- ☐ .1 Un tuyau de 20 m de diamètre 70
- ☐ .2 Un col de cygne
- ☐ .3 Une retenue
- ☐ .4 Une division

99 Le casque d'intervention SPF1 vous protége contre :

- ☐ .1 L'eau
- ☐ .2 La chaleur
- ☐ .3 L'électricité
- ☐ .4 Les flammes

100 Quelle est la perte de charge d'un tuyau de diamètre 45 ?

- ☐ .1 0.27b pour 100m
- ☐ .2 0.55b pour 100m
- ☐ .3 1.2b pour 100m
- ☐ .4 1.5b pour 100m

101 Quelle est la perte de charge à prendre en compte lors de l'établissement d'une lance sur échelle à 20m de haut ?

- ☐ .1 1 bar
- ☐ .2 2 bars
- ☐ .3 3 bars
- ☐ .4 4 bars

102 Quels sont les principaux types d'effondrements d'un bâtiment ?

- ☐ .1 En X
- ☐ .2 En Y
- ☐ .3 En V
- ☐ .4 En oblique

103 Quels sont les différents types de construction ?

- ☐ .1 A ossature
- ☐ .2 Traditionnelle
- ☐ .3 A l'ancienne
- ☐ .4 En pierre

104 Dans une construction, quels sont les éléments du gros oeuvre ?

- ☐ .1 Les fenêtres
- ☐ .2 Les cloisons
- ☐ .3 Les fondations
- ☐ .4 L'electricité

105 Quels sont les éléments principaux d'une charpente traditionnelle ?

- ☐ .1 L'entrait
- ☐ .2 Les arbalétriers
- ☐ .3 Les chevrons
- ☐ .4 Les liteaux

106 Quelle est la loi des pertes de charges en hydraulique ?

☐ .1 Elles sont directement proportionnelles à la longueur de l'établissement
☐ .2 Elles sont proportionnelles au carré du débit.
☐ .3 Elles sont dépendantes de la rugosité interne des tuyaux.
☐ .4 Elles sont dépendantes de la puissance de la pompe

107 Quels sont les différents facteurs qui influent sur la mise en aspiration d'un engin pompe ?

☐ .1 Pertes de charges dans les tuyaux d'aspiration et crépine
☐ .2 Température et qualité de l'eau
☐ .3 La profondeur de l'étang
☐ .4 La longeur de l'établissement de refoulement

108 Pourquoi le béton est un danger à l'issue d'un incendie ?

☐ .1 Il dégage les gaz de combustion en phase déblai
☐ .2 Il éclate facilement
☐ .3 Il faut arroser longtemps pour faire baisser la température
☐ .4 Il s'effrite facilement

109 Dans le cadre des transmissions, qu'appelle-t-on un réseau ?

☐ .1 Ce son les ondes
☐ .2 La 4G
☐ .3 La 3G
☐ .4 Equipement mise en œuvre pour satisfaire les liaisons entre services

110 Quels sont les principaux types de réseaux en transmission ?

☐ .1 Réseau interne
☐ .2 Réseau externe
☐ .3 Réseau 4G
☐ .4 Réseau 3G

111 Dans les réseaux internes de transmission, qu'est-ce qu'un réseau de travail ?

- ☐ .1 Permet la transmission de l'information entres les moyens engagés sur le terrain et le CODIS
- ☐ .2 Permet la transmission de l'information entres le CODIS et le COZ
- ☐ .3 Permet la transmission de l'information entres le CODIS et le COD
- ☐ .4 Permet la transmission de l'information entres le CODIS et l'EMIZD

112 Qu'est-ce qu'un réseau tactique ?

- ☐ .1 Permet de communiquer avec le CODIS
- ☐ .2 Permet de communiquer avec le CIS
- ☐ .3 Permet de communiquer sur opération sans gêner le fonctionnement du réseau de travail
- ☐ .4 Aucune réponse ne convient

113 En topographie, qu'appelle-t-on une "échelle" ?

- ☐ .1 C'est le rapport entre une distance sur le terrain et la distance sur la carte
- ☐ .2 C'est le décalage entre une distance sur le terrain et la distance sur la carte
- ☐ .3 C'est ce qui permet de prendre un azimut
- ☐ .4 Aucune réponse ne convient

114 Qu'est-ce que la topographie ?

- ☐ .1 C'est la représentation sur une carte des détails visibles sur le terrain
- ☐ .2 C'est ce qui permet de mettre de la couleur sur la carte
- ☐ .3 C'est ce qui permet de faire des courbes
- ☐ .4 Aucune réponse ne convient

115 Qu'est-ce qu'une légende de carte ou de plan ?

- ☐ .1 C'est ce qui permet de mentionner l'échelle
- ☐ .2 C'est la liste explicative des signes conventionnels figurants sur la carte
- ☐ .3 C'est ce qui permet de positionner la carte à l'échelon national
- ☐ .4 Aucune réponse ne convient

116 Combien y-a-t-il de "Nord" ?

- ☐ .1 Un
- ☐ .2 Deux
- ☐ .3 Trois
- ☐ .4 Quatre

117 1cm sur une carte au 1/25 000ème, correspond sur le terrain à :

- ☐ .1 25m
- ☐ .2 250m
- ☐ .3 2500m
- ☐ .4 25000m

118 Une bouteille d'ARICO de type II est une :

- ☐ .1 Bouteille métallique renforcée
- ☐ .2 Bouteille composite avec liner métallique
- ☐ .3 Bouteille métallique
- ☐ .4 Bouteille composite avec liner plastique

119 Quel est l'arrêté fixant les tenues, uniformes, équipements, insignes et attributs des sapeurs-pompiers ?

- ☐ .1 Arrêté du 8 avril 2015
- ☐ .2 Arrêté du 6 avril 2000
- ☐ .3 Arrêté du 8 avril 1999
- ☐ .4 Arrêté du 6 avril 1988

120 Quel acronyme évoque la sécurité collective ?

- ☐ .1 G.A.S.P.P.F.R
- ☐ .2 G.A.R.R.S.P.P.F.R
- ☐ .3 G.A.R.R.S.P.P.F.R.S.P.P
- ☐ .4 Aucune réponse ne convient

121 Identifier le(s) acteur(s) de la chaine de secours en France :

☐ .1 Le citoyen
☐ .2 Les réserves communales de la sécurité civile
☐ .3 Les service de gendarmerie et de la police nationale
☐ .4 Les SAMU

122 Quand doit-on faire un dégagement d'urgence ?

☐ .1 Lorsque la victime se sent menacée
☐ .2 En présence d'un danger réel, immédiat et non contrôlable
☐ .3 Pour la réalisation d'un geste d'urgence vital
☐ .4 Pour transporter rapidement au CHU

123 De quoi est composé le système nerveux ?

☐ .1 Du cerveau
☐ .2 De la moëlle épinière
☐ .3 Des nerfs
☐ .4 Des os

124 Quel est le rôle de la fonction respiratoire ?

☐ .1 Transformer l'air en oxygène
☐ .2 Transporte l'oxygène vers les alvéoles pulmonaire
☐ .3 Evacuer le CO_2 vers l'extérieur
☐ .4 Aucune réponse ne convient

125 Combien de bilans secouriste utilisez-vous ?

☐ .1 Deux
☐ .2 Trois
☐ .3 Quatre
☐ .4 Cinq

126 Quelle est la fréquence respiratoire normale d'un adulte ?

- ☐ .1 10 à 15 mouvements par minute
- ☐ .2 12 à 20 mouvements par minute
- ☐ .3 15 à 30 mouvements par minute
- ☐ .4 20 à 30 mouvements par minute

127 Quelle est la fréquence cardiaque normale d'un adulte ?

- ☐ .1 50 à 80 battements par minute
- ☐ .2 60 à 100 battements par minute
- ☐ .3 60 à 80 battements par minute
- ☐ .4 80 à 100 battements par minute

128 Quel est le rôle du système circulatoire ?

- ☐ .1 Transporter l'oxygène des poumons vers les tissus
- ☐ .2 Transporter l'énergie extraite des aliments vers les cellules
- ☐ .3 Recueillir le CO_2 puis le transporter vers les poumons pour être éliminé
- ☐ .4 Recueillir les déchets des aliments pour les faire éliminer (ex : l'urine)

129 Quelle est la composition du système circulatoire ?

- ☐ .1 Petite circulation
- ☐ .2 Grande circulation
- ☐ .3 Valve latérale
- ☐ .4 Valve périphérique

130 Qu'est-ce qui peut provoquer une obstruction grave des voies aériennes ?

- ☐ .1 Victime inconsciente à plat dos
- ☐ .2 Corps étranger
- ☐ .3 Réaction allergique
- ☐ .4 Maladie inflammatoire (enfant)

131 Donner les débits d'oxygène en inhalation pour un nourrisson ?

- ☐ .1 3 litres
- ☐ .2 4 litres
- ☐ .3 5 litres
- ☐ .4 6 litres

132 Quelles sont les différentes techniques de désobstruction des voies aériennes ?

- ☐ .1 Aspiration des voies aériennes
- ☐ .2 Claques dans le dos
- ☐ .3 Compressions abdominales
- ☐ .4 Compressions thoraciques

133 Que signifie l'acronyme D.A.S.R.I

- ☐ .1 Désinfections des activités de soins à risque infectieux
- ☐ .2 Déchets des activités de soins à risque infectieux
- ☐ .3 Déchets des actions de soins à risque infectieux
- ☐ .4 Désinfections des actions de soins à risque infectieux

134 Quelles sont les questions à se poser lors du bilan circonstanciel ?

- ☐ .1 Existe t-il un danger ?
- ☐ .2 Les informations en ma possession sont-elles correctes ?
- ☐ .3 Les secours sont-ils suffisants ?
- ☐ .4 Quel est le degrè de gravité de la victime ?

135 Dans le cas d'une victime qui présente une détresse, les paramètres vitaux au sein du bilan de surveillance doivent etre contrôlés :

- ☐ .1 Toutes les minutes
- ☐ .2 Toutes les 3 minutes
- ☐ .3 Toutes les 5 minutes

☐ .4 Toutes les 10 minutes

136 Quels sont les causes d'une perte de connaissance ?

☐ .1 Cause médicale
☐ .2 Cause toxique
☐ .3 Cause traumatique
☐ .4 Aucune réponse ne convient

137 Quelles sont les fonctions essentielles de la peau ?

☐ .1 Elle protège l'organisme contre les agressions extérieures
☐ .2 Elle informe l'organisme sur l'environnement extérieur
☐ .3 Elle permet de capter l'oxygène de l'air
☐ .4 Elle permet de mieux respirer

138 Quelle est la valeur normale de la saturation en oxygène ?

☐ .1 100%
☐ .2 Entre 98% et 100%
☐ .3 Entre 96% et 100%
☐ .4 Entre 94% et 100%

139 Quelle est l'autonomie d'une bouteille d'oxygène de 5 litres à une pression de 150 bars lors de l'inhalation chez un enfant ?

☐ .1 1h30
☐ .2 1h45
☐ .3 1h55
☐ .4 2h05

140 Quelle est la conduite à tenir face à une plaie grave du thorax ?

☐ .1 Oxygène si nécessaire
☐ .2 Position assise ou demi-assise si une gêne respiratoire
☐ .3 Position à plat ventre pour compimer la plaie

☐ .4 Compression thoracique

141 Quels sont les principes généraux de relevage et de brancardage ?

☐ .1 Fermeté des prises
☐ .2 Être au minimum chef d'équipe
☐ .3 Bonne répartition des charges
☐ .4 Être au minimum 4 secouristes

142 A combien de secouriste doit-on réaliser un transfère d'une victime à l'aide d'une alèse portoir ?

☐ .1 Un
☐ .2 Deux
☐ .3 Trois
☐ .4 Quatre

143 Quelles sont les actions que l'équipier doit réaliser au cours du bilan d'urgence vitale ?

☐ .1 Rechercher une détresse vitale immédiate
☐ .2 Rechercher une détresse vitale moins évidente
☐ .3 Effectuer la recherche : M.H.T.A
☐ .4 Demander un renfort ou un avis médical si nécessaire

144 Comment évalue-t-on la respiration chez une victime ?

☐ .1 Compter la fréquence respiratoire sur 30s et multiplier par 2
☐ .2 Si la victime respire c'est qu'elle à plus de 3 mouvements par minute
☐ .3 On apprécie l'amplitude
☐ .4 On observe les muqueuses

145 Quel acronyme permet d'analyser une plainte lors du bilan secouriste ?

☐ .1 Le M.H.T.A
☐ .2 Le P.Q.R.S.T
☐ .3 Le F.A.R

- ☐ .4 A.I.D.E
- ☐

146 Que signifie l'acronyme B.A.V.U ?

- ☐ .1 Ballon Automatique à Valve Unidirectionnelle
- ☐ .2 Ballon Auto-remplisseur à Valve Unidirectionnelle
- ☐ .3 Ballon Auto-remplisseur à Valve Unique
- ☐ .4 Ballon Automatique à Valve Unique

147 Indiquer les éléments qui composent la peau :

- ☐ .1 Les pores
- ☐ .2 Les poils
- ☐ .3 Les nerfs
- ☐ .4 Les glandes sudoripares

148 De quoi se composent les membres inférieurs ?

- ☐ .1 La jambe
- ☐ .2 La cheville
- ☐ .3 Les doigts de pied
- ☐ .4 Le pied

149 De quoi se composent les membres supérieurs ?

- ☐ .1 Les doigts
- ☐ .2 Le poignet
- ☐ .3 Le coude
- ☐ .4 L'épaule

150 Comment évalue-t-on la circulation chez une victime ?

- ☐ .1 Compter le pouls sur 30s et multiplier par 2
- ☐ .2 Apprécier sa régularité
- ☐ .3 Examiner la peau
- ☐ .4 Mesurer le TRC

151 Quels sont les grands principes d'action de secours dans le cadre de situation à nombreuses victimes ?

- ☐ .1 Procéder au repérage des nombreuses victimes
- ☐ .2 Assurer la sécurité
- ☐ .3 Réaliser un bilan complet des victimes
- ☐ .4 Ne pas approcher les victimes et demander immédiatement des renforts

152 Le lot membre sectionné ou arraché est composé :

- ☐ .1 Un sac isotherme
- ☐ .2 Un ciseau
- ☐ .3 Un champ stérile
- ☐ .4 Une paire de gants stériles

153 Lors de l'aide à la prise de médicaments, les médicaments administrés dans ce cadre sont sous la forme :

- ☐ .1 D'un gaz
- ☐ .2 De spray
- ☐ .3 De comprimés
- ☐ .4 De dispositif auto injectable

154 Que signifie l'acronyme D.A.E ?

- ☐ .1 Défibrilateur automatisé externe
- ☐ .2 Défibrilateur automatique externe
- ☐ .3 Défibrilateur automatisé exterieur
- ☐ .4 Défibrilateur automatique exterieur

155 Quelle est la conduite à tenir face à une morsure de serpent ?

- ☐ .1 Pratiquer une technique d'aspiration (aspi-venin)
- ☐ .2 Faire marcher la victime
- ☐ .3 Retirer bagues, bracelets si la morsure siège au niveau des mains

☐ .4 Réaliser un pansement compressif sur le membre

156 Lors d'un traumatisme dentaire, comment doit-on conditionner la dent tombée ?

☐ .1 La mettre dans un champ stérile
☐ .2 La mettre dans la bouche de la victime
☐ .3 La mettre dans un sérum physiologique
☐ .4 La mettre dans du lait

157 Quelles peuvent être les causes d'une crise convulsive ?

☐ .1 Le manque d'oxygène
☐ .2 Une maladie (épilepsie)
☐ .3 L'hypoglycémie
☐ .4 La fièvre

158 Lors d'un relevage à 3 secouristes, qui dirige la manoeuvre ?

☐ .1 Le secouriste positionné "en pont" au dessus de la tête
☐ .2 Il s'agit du secouriste positionné "en pont" au niveau du bassin
☐ .3 Il s'agit du secouriste positionné "en pont" au dessus des pieds
☐ .4 Le chef d'agrès du VSAV

159 Dans quel cas l'application de froid est proscrite ?

☐ .1 Sur une brûlure
☐ .2 Sur une plaie
☐ .3 Sur une victime inconsciente
☐ .4 Aucune réponse ne convient

160 Quelles sont les différentes positions d'attentes et de transport ?

☐ .1 Position assise
☐ .2 Position debout
☐ .3 Position sur le côté

☐ .4 Position cuisses fléchies

161 A quelle date fût adoptée la constitution de la 5ème République ?

☐ .1 Le 4 octobre 1945
☐ .2 Le 4 octobre 1958
☐ .3 Le 14 juillet 1789
☐ .4 Le 14 juillet 1791

162 De quel pouvoir le Président de la République dispose t-il ?

☐ .1 Du pouvoir législatif
☐ .2 Du pouvoir exécutif
☐ .3 Du pouvoir régalien
☐ .4 Du pouvoir démocratique

163 Qui vote les lois et le budget ?

☐ .1 Le sénat
☐ .2 Les député
☐ .3 Le parlement
☐ .4 Les ministres

164 Dans la hierarchie des normes françaises quel est le texte le plus important ?

☐ .1 La lois
☐ .2 Le décret
☐ .3 La circulaire
☐ .4 La constitution

165 Quel est le rôle du Parlement français ?

☐ .1 Il vote les lois
☐ .2 Il dirige les ministres
☐ .3 Il dirige les députés

☐ .4 Il dirige les sénateurs

166 Que juge le tribunal administratif ?

☐ .1 Les litiges entre usagers
☐ .2 Les litiges pour des conflits
☐ .3 Les litiges entre les particuliers et les administrations
☐ .4 Aucune réponse ne convient

167 Si vous commettez un délit majeur, devant quel tribunal allez-vous être jugé ?

☐ .1 Le tribunal correctionnel
☐ .2 La cour d'assise
☐ .3 Le tribunal d'instance
☐ .4 Le tribunal de grande instance

168 Si l'on commet un crime, devant quel tribunal ou cour allons nous être jugé ?

☐ .1 Le tribunal correctionnel
☐ .2 La cour d'assise
☐ .3 Le tribunal d'instance
☐ .4 Le tribunal de grande instance

169 Qu'est-ce que la décentralisation ?

☐ .1 Transfert de compétence de l'état vers les collectivités locales
☐ .2 Transfert de siège de l'état vers les collectivités locales
☐ .3 Transfert de compétence des collectivités locales vers l'état
☐ .4 Aucune réponse ne convient

170 Combien existe-t-il de zones de défense et de sécurité en France :

☐ .1 5 zones de défense
☐ .2 7 zones de défense
☐ .3 9 zones de défense

☐ .4 11 zones de défense

171 Quelle est le rôle d'un préfet ?

☐ .1 Il vote des lois dans le département
☐ .2 Il procède aux enquêtes lors d'incivilités
☐ .3 Il est dépositaire de l'autorité de l'État dans le département
☐ .4 Il détient le pouvoir de police

172 Combien y-a-t-il de députés en France ?

☐ .1 377
☐ .2 577
☐ .3 677
☐ .4 777

173 Quel pouvoir détient le Maire sur la commune ?

☐ .1 Le pouvoir de police administrative
☐ .2 Le pouvoir judiciaire
☐ .3 Le pouvoir de polices spéciales
☐ .4 Le pouvoir législatif

174 Quelle est la durée du mandat présidentiel ?

☐ .1 5 ans
☐ .2 6 ans
☐ .3 7 ans
☐ .4 8 ans

175 Combien de mandats consécutifs, le Président de la république peut-il exercer ?

☐ .1 2 mandats
☐ .2 3 mandats
☐ .3 4 mandats
☐ .4 Autant de fois qu'il est réelu

176 En cas de décès, démission ou empêchement du Président, qui exerce ses fonctions par intérim ?

- ☐ .1 Le premier ministre
- ☐ .2 Son épouse
- ☐ .3 Le président de son partie politique
- ☐ .4 Le président du sénat

177 Qui est l'auteur de l'hymne « la Marseillaise » ?

- ☐ .1 Wolfgang Amadeus Mozart
- ☐ .2 Jean Sébastien Bach
- ☐ .3 Jacques Offenbach
- ☐ .4 Claude Joseph Rouget de l'Isle

178 Que représente la couleur bleu et rouge du drapeau français ?

- ☐ .1 La royauté
- ☐ .2 L'armée française
- ☐ .3 Les couleurs de la ville de Paris
- ☐ .4 Aucune réponse ne convient

179 Comment est élu le Président de la République française ?

- ☐ .1 Au suffrage universel direct
- ☐ .2 Au suffrage universel indirect
- ☐ .3 Au suffrage uninominal à 2 tours
- ☐ .4 Au suffrage proportionnel à 2 tours

180 Quel est le rôle du DOS (Directeur des Opérations de Secours) ?

- ☐ .1 Dirige les actions et la communication des sapeurs-pompiers
- ☐ .2 Mobilise les moyens publics et privés sur son territoire
- ☐ .3 Informe les niveaux administratifs supérieurs

☐ .4 Représente les politiques sur le terrain

181 Que signifie l'acronyme C.O.G.I.C ?

☐ .1 Centre Opérationnel de Gestion Interministérielles des Crises
☐ .2 Centre des Opérations de Gestion Interministérielles des Crises
☐ .3 Centre Opérationnel de Gestion Indépendante des Crises
☐ .4 Centre des Opérations de Gestion Indépendante des Crises

182 Que signifie l'acronyme ORSEC ?

☐ .1 ORganisation de la Sécurité Civile
☐ .2 Organisation de la Réponse de la Sécurité Civile
☐ .3 ORganisation des SECours
☐ .4 Aucune réponse ne convient

183 Que signifie l'acronyme SINUS ?

☐ .1 Système Informatique Numérique Standardisé
☐ .2 Système d'Information Numérique Standardisé
☐ .3 Système Informatisé Numérisé Standardisé
☐ .4 Aucune réponse ne convient

184 De combien de membres est constitué le conseil d'administration d'un SDIS ?

☐ .1 De 15 à 30 membres
☐ .2 De 25 à 40 membres
☐ .3 De 35 à 50 membres
☐ .4 De 45 à 60 membres

185 De quoi est garant le président du CASDIS ?

☐ .1 Il est garant de la partie opérationnelle du SDIS
☐ .2 Il est garant de la bonne administration du SDIS
☐ .3 Il est garant des dons legs et subventions du SDIS
☐ .4 Aucune réponse ne convient

186   Quelles sont les missions propres du SDIS ?

☐ .1 La prévention
☐ .2 La protection
☐ .3 La protections des personnes et des biens
☐ .4 Les secours d'urgence aux personnes

187   Le classement des SDIS se compose :

☐ .1 De 3 catégories
☐ .2 De 4 catégories
☐ .3 De 5 catégories
☐ .4 De 6 catégories

188   Que signifie l'acronyme CNSIS ?

☐ .1 Conférence Nationale des Systèmes d'incendie et de Secours
☐ .2 Confédération Nationale des Services d'incendie et de Secours
☐ .3 Conférence Nationale des Services d'incendie et de Secours
☐ .4 Aucune réponse ne convient

189   Que signifie l'acronyme CSFPT ?

☐ .1 Conseil Supérieur de la Fonction Publique Territoriale
☐ .2 Conseil Supérieur de la Fonction Publique des Territoires
☐ .3 Conseil de Santé et de la Formation Publique des Territoires
☐ .4 Aucune réponse ne convient

190   Quelle est la devise de l'ENSOSP ?

☐ .1 Cultiver le passé, enfanter l'avenir, tel est notre présent
☐ .2 Bien s'instruire pour mieux servir
☐ .3 Commander, c'est organiser et soutenir la réussite
☐ .4 Un bon chef génère plus de solutions que de problèmes

191 Dans quels domaines d'aptitudes sont évalués les JSP ?

☐ .1 Le secours à personne
☐ .2 La lutte contre les incendies
☐ .3 La protection des biens et de l'environnement
☐ .4 Aucune réponse ne convient

192 Quel est le but des syndicats ?

☐ .1 Pousser à la grève
☐ .2 Faire gravir les échelons plus rapidement
☐ .3 Défendre les intérêts de la profession
☐ .4 Défendre les adhérents

193 Quel est l'objectif du Règlement Intérieur ?

☐ .1 Fixer les règles opérationnelles
☐ .2 Fixer les modalités de service
☐ .3 Fixe le nombre de SPV et SPP
☐ .4 Fixe la réponse capacitaire du SDIS

194 Quel est l'objectif du Règlement Opérationnel ?

☐ .1 Il prend en considération le SDACR
☐ .2 Il fixe les consignes opérationnelles
☐ .3 Il détermine le délai de départ en intervention
☐ .4 Il fixe la chaine de commandement

195 Que trouve-t-on dans les juridictions judiciaires ?

☐ .1 Les cours d'assises
☐ .2 Les cours pénales
☐ .3 Les tribunaux d'instance
☐ .4 Les prud'hommes

196 Que trouve-t-on dans les juridictions pénales ?

- ☐ .1 Les tribunaux de police
- ☐ .2 Les tribunaux correctionnels
- ☐ .3 Les cours d'assises
- ☐ .4 Les tribunaux de commerces

197 Qu'est-ce que la discrétion professionnelle ?

- ☐ .1 Ne pas donner ses opinions personnelles
- ☐ .2 Ne pas donner des informations relatives à l'administration
- ☐ .3 Ne pas donner des informations relatives aux victimes
- ☐ .4 Ne pas contredire un ordre

198 Qu'est-ce que le devoir de réserve ?

- ☐ .1 Ne pas donner ses opinions personnelles
- ☐ .2 Ne pas donner des informations relatives à l'administration
- ☐ .3 Ne pas donner des informations relatives aux victimes
- ☐ .4 Ne pas contredire un ordre

199 Qu'est-ce que le secret professionnel ?

- ☐ .1 Ne pas donner ses opinions personnelles
- ☐ .2 Ne pas donner des informations relatives à l'administration
- ☐ .3 Ne pas donner des informations relatives aux victimes
- ☐ .4 Ne pas contredire un ordre

200 Quelle est la loi qui définit les droits et obligations des fonctionnaires ?

- ☐ .1 Loi du 13 juillet 1983
- ☐ .2 Loi du 26 janvier 1984
- ☐ .3 Loi du 3 mai 1996
- ☐ .4 Loi du 13 août 2004

201   Lors du port de l'ARI qu'appelle-t-on « l'espace mort » ?

☐ .1 Volume restant dans le masque
☐ .2 Espace entre l'équipier et le chef d'équipe
☐ .3 Volume d'air restant entre les poumons et la soupape d'expiration
☐ .4 Espace entre l'entrée et la sortie lors de l'engagement du binôme

202   La préservation des traces et indices fait-elle partie de la MGO ?

☐ .1 Oui
☐ .2 Non
☐ .3 Si un responsable RCCI est présent
☐ .4 Si le CODIS le précise à l'appel

203   Les débits moyens de consommation du porteur ARI sont :

☐ .1 Entre 10 l/min au repos et 135 l/min pour un travail très intense
☐ .2 Entre 50 l/min au repos et 165 l/min pour un travail très intense
☐ .3 Entre 90 l/min au repos et 195 l/min pour un travail très intense
☐ .4 Entre 100 l/min au repos et 235 l/min pour un travail très intense

204   Quel est le débit à prendre en compte pour la consommation haute d'un porteur ARI ?

☐ .1 90 l/min
☐ .2 100 l/min
☐ .3 110 l/min
☐ .4 135 l/min

205   Quel est le moyen mnémotechnique qui désigne un ensemble d'actions à adopter dans l'attente des secours d'un binôme sous ARI ?

☐ .1 A.L.E.R.T.E.R
☐ .2 C.R.I.E.R
☐ .3 A.A.A.L.E.E.R.T.E.R

☐ .4 U.R.G.E.N.C.E

206 Qu'appelle-t-on combustible dans le triangle du feu ?

☐ .1 Un gaz
☐ .2 Un liquide
☐ .3 Un solide
☐ .4 Une flamme pilote

207 Comment agit un extincteur poudre sur un feu ?

☐ .1 Refroidir le foyer
☐ .2 Etouffer le feu
☐ .3 Absorber la chaleur
☐ .4 Souffler la flamme

208 Combien représente 2 cm sur une carte à l'échelle 1/50 000 ? Donner la distance en mètre.

☐ .1 500 m
☐ .2 1000 m
☐ .3 1500 m
☐ .4 5000 m

209 Que signifie l'acronyme C.N.F.P.T ?

☐ .1 Centre National de la Formation Publique Territoriale
☐ .2 Centre National de la Fonction Publique Territoriale
☐ .3 Centre Numérique de la Fonction Publique Territoriale
☐ .4 Centre Numérique de la Formation Publique Territoriale

210 Quel est l'indicatif radio du directeur départemental du SDIS ?

☐ .1 ARAMIS
☐ .2 LANCELOT
☐ .3 MERLIN
☐ .4 HIPPOCRATE

211 Quel est l'indicatif radio du chef de centre ?

☐ .1 ARAMIS
☐ .2 LANCELOT
☐ .3 MERLIN
☐ .4 HIPPOCRATE

212 Quel est l'indicatif radio du préfet de département ?

☐ .1 ARAMIS
☐ .2 LANCELOT
☐ .3 MERLIN
☐ .4 HIPPOCRATE

213 Que signifie l'acronyme D.E.C.I

☐ .1 Défense Extérieure Contre l'incendie
☐ .2 Défense Externe Contre l'incendie
☐ .3 Direction Externe Contre l'incendie
☐ .4 Aucune réponse ne convient

214 Que signifie l'acronyme R.I.A

☐ .1 Robinet d'Incendie Armé
☐ .2 Robinet d'Incendie d'Armement
☐ .3 Robinet Incendie des Armées
☐ .4 Aucune réponse ne convient

215 Quelle est la loi dite de « départementalisation » ?

☐ .1 La loi du 13 juillet 1983
☐ .2 La loi du 26 janvier 1984
☐ .3 La loi du 3 mai 1996
☐ .4 La loi du 13 août 2004

216   Que signifie l'abréviation SF dans le cadre de la prévention contre les incendies ?

- ☐ .1 Stabilisé au feu
- ☐ .2 Stable au feu
- ☐ .3 Stable au foyer
- ☐ .4 Aucune réponse ne convient

217   Que signifie l'abréviation CF dans le cadre de la prévention contre les incendies ?

- ☐ .1 Coupe Feu
- ☐ .2 Coupé au Feu
- ☐ .3 Coupe Foyer
- ☐ .4 Aucune réponse ne convient

218   Parmis les propositions ci-dessous quels sont les outils de déblai ?

- ☐ .1 La gaffe
- ☐ .2 La hache
- ☐ .3 L'aspirateur
- ☐ .4 La scie

219   Quel est le principe de la constitution française ?

- ☐ .1 Le drapeau tricolore, bleu, blanc, rouge
- ☐ .2 La Marseillaise
- ☐ .3 Liberté, Égalité, Fraternité
- ☐ .4 Gouvernement du peuple, par le peuple et pour le peuple

220   Les sanctions disciplinaires applicables au fonctionnaire titulaire sont classées :

- ☐ .1 De 2 groupes
- ☐ .2 De 3 groupes

☐ .3 De 4 groupes
☐ .4 De 5 groupes

221 Combien de sanctions relèvent du premier groupe ?

☐ .1 Une
☐ .2 Deux
☐ .3 Trois
☐ .4 Quatre

222 Qui peut prononcer la résiliation d'engagement d'un sapeur-pompier volontaire ?

☐ .1 Le DDSIS
☐ .2 Le président du CASDIS
☐ .3 Le préfet
☐ .4 Le chef de centre

223 Que signifie l'acronyme A.P.C dans le cadre de la formation ?

☐ .1 Approche Par Compétence
☐ .2 Appréhension Par Compétence
☐ .3 Approche Par Compréhension
☐ .4 Appréhension Par Compassion

224 Que signifie l'acronyme ANTARES

☐ .1 Adaptation Nationale des Transmissions des Réseaux de Secours
☐ .2 Adaptation Nationale des Transmissions aux Risques et aux Secours
☐ .3 Automatisation Nationale des Transmissions aux Risques et aux Secours
☐ .4 Automatisation Nationale des Transmissions des Réseaux de Secours

225 Quel est le taux de la nouvelle revalorisation de la prime de feu ?

☐ .1 19%
☐ .2 21%
☐ .3 25%
☐ .4 28%

226 Combien compte de filières la fonction publique territoriale ?

☐ .1 Cinq
☐ .2 Six
☐ .3 Sept
☐ .4 Huit

227 Que signifie l'acronyme CHSCT ?

☐ .1 Commission Hygiène de Sécurité et des Conditions de Travail
☐ .2 Comité Hygiène de Sécurité et des Conditions de Travail
☐ .3 Comité Hygiène de Sécurité et des Contrôles du Travail
☐ .4 Commission Hygiène de Sécurité et des Contrôles du Travail

228 Que signifie l'acronyme CATSIS ?

☐ .1 Commission Administrative et Technique des Services d'Incendie et de Secours
☐ .2 Comité Administratif et Technique des Services d'Incendie et de Secours
☐ .3 Comité Administratif des questions Techniques des Services d'Incendie et de Secours
☐ .4 Commission Administrative des questions Techniques des Services d'Incendie et de Secours

229 Quelles sont les positions d'un fonctionnaire ?

☐ .1 De garde
☐ .2 En astreinte
☐ .3 En activité
☐ .4 En disponibilité

230 Que signifie l'acronyme NPFR ?

☐ .1 Nouvelle Présence de Fidélisation et de Reconnaissance
☐ .2 Nouvelle Prestation de Fidélisation et de Reconnaissance

☐ .3 Nouvelle Prestation de Fidélité et de Reconnaissance
☐ .4 Nouvelle Presence de Fidélité et de Reconnaissance

231 Quels sont les documents obligatoires que doit détenir un SDIS ?

☐ .1 Le règlement opérationnel
☐ .2 Le règlement intérieur
☐ .3 L'organisation du corps départemental
☐ .4 Le classement de CIS

232 Un centre de secours doit assurer simultanément ?

☐ .1 Un départ VSAV
☐ .2 Un départ incendie + 1 départ VSAV ou un autre départ
☐ .3 Un départ incendie + 1 départ VSAV + départ DIV
☐ .4 Un départ incendie + 2 départs VSAV

233 Quels sont les principes fondamentaux du service public ?

☐ .1 Le principe de gratuité
☐ .2 Le principe d'égalité
☐ .3 Le principe de mutabilité
☐ .4 Le principe de continuité

234 Que précise l'arrêt MATZAK ?

☐ .1 Il assimile les sapeurs-pompiers volontaires à des professionnels
☐ .2 Il assimile les sapeurs-pompiers volontaires à des travailleurs
☐ .3 Il détermine un temps maximum d'astreinte pour les sapeurs-pompiers volontaires
☐ .4 Il détermine un plafond d'heure en garde pour les sapeurs-pompiers volontaires

235 Quel est le contraire du mot « Altruiste » ?

☐ .1 Généreux
☐ .2 Egoiste
☐ .3 Fainéant

☐ .4 Désintéressée

236 Dès qu'une personne est recrutée sapeur-pompier professionnel elle réalise ?

☐ .1 Une formation d'adaptation
☐ .2 Une formation spécifique
☐ .3 Une formation d'intégration
☐ .4 Une formation initiale

237 Quel est le volume hebdomadaire maximun de travail d'un sapeur-pompier professionnel ?

☐ .1 35h
☐ .2 48h
☐ .3 60h
☐ .4 Pas de limite

238 Combien existe-t-il de niveaux VIGIPIRATE ?

☐ .1 Deux
☐ .2 Trois
☐ .3 Quatre
☐ .4 Cinq

239 Quel est le point d'origine de la gratuité des secours des SDIS ?

☐ .1 L'ordonnance royale du 11 mars 1733
☐ .2 La loi du 13 juillet 1983
☐ .3 La loi du 3 mai 1996
☐ .4 La loi du 13 août 2004

240 La direction d'un SDIS comprend obligatoirement :

☐ .1 Un DDSIS
☐ .2 Un SPV référent du volontariat
☐ .3 Un ou plusieurs chefs de groupement

☐ .4 Un responsable des affaires administratives et financières

241 Qui recrute le DDSIS ?

☐ .1 Le président de la république
☐ .2 Le préfet
☐ .3 Un arrêté conjoint du ministre de l'intérieur et du PCASDIS
☐ .4 Le directeur de la DGSCGC

242 Que signifie l'acronyme DGSCGC ?

☐ .1 Direction Généraliste de la Sécurité Civile et de la Gestion des Crises
☐ .2 Direction Générale de la Sécurité Civile et de la Gestion et des Compétences
☐ .3 Direction Générale de la Sécurité Civile et de la Gestion des Crises
☐ .4 Direction Généraliste de la Sécurité Civile et de la Gestion et des Compétences

243 Dans le GDO « toxicité des fumées » quel est le principe des nano particules HAP ?

☐ .1 Elles provoquent des cancers
☐ .2 Elles peuvent adsorber
☐ .3 Elles peuvent désorber
☐ .4 Elles peuvent absorber

244 Quel est l'objectif d'un Guide de Doctrine Opérationnelle ?

☐ .1 Permettre au COS de construire un raisonnement tactique
☐ .2 Permettre à tous les sapeurs-pompiers d'utiliser les mêmes techniques
☐ .3 Uniformiser la formation des SDIS
☐ .4 Mettre à disposition des SIS l'ensemble des méthodes et techniques opérationnelles utiles à l'atteinte des objectifs du COS

245 Quel est l'objectif d'un Guide de techniques Opérationnelles ?

☐ .1 Permettre au COS de construire un raisonnement tactique
☐ .2 Permettre à tous les sapeurs-pompiers d'utiliser les mêmes techniques

- ☐ .3 Uniformiser la formation des SDIS
- ☐ .4 Mettre à disposition des SIS l'ensemble des méthodes et techniques opérationnelles utiles à l'atteinte des objectifs du COS

246 Quelle est la caractéristique d'un poteau incendie de 100 ?

- ☐ .1 Débit de 60m3/h
- ☐ .2 Débit de 120m3/h
- ☐ .3 Débit de 17l/s
- ☐ .4 Débit de 1000l/min

247 Combien existe-il de types de jets à la lance ?

- ☐ .1 Quatre
- ☐ .2 Cinq
- ☐ .3 Six
- ☐ .4 Sept

248 Le penciling consiste :

- ☐ .1 Déposer de l'eau sur une surface large sans destratifier le plafond de fumée
- ☐ .2 Déposer en grosse goutte sur une surface relativement petite
- ☐ .3 Utiliser un Jet diffusé
- ☐ .4 Utiliser un Jet purge

249 Le painting consiste :

- ☐ .1 Déposer de l'eau sur une surface large sans destratifier le plafond de fumée
- ☐ .2 Déposer en grosse goutte sur une surface relativement petite
- ☐ .3 Utiliser un Jet diffusé
- ☐ .4 Utiliser un Jet purge

250 Lors d'une extinction indirecte quel est l'angle du jet ?

- ☐ .1 Jet diffusé de 20 à 30° env
- ☐ .2 Jet droit de 20 à 30° env
- ☐ .3 Jet diffusé de 35 à 45° env

☐ .4 Jet droit de 35 à 45° env

251   Quel type de Jet doit-on utiliser lors d'une attaque d'atténuation ?

☐ .1 En jet droit
☐ .2 En jet brisé
☐ .3 En jet diffusé d'attaque
☐ .4 En jet diffusé de protection

252   Combien de techniques d'extinction existe-il ?

☐ .1 Sept
☐ .2 Huit
☐ .3 Neuf
☐ .4 Dix

253   Combien de procédures d'intervention gaz existe-il ?

☐ .1 Une
☐ .2 Deux
☐ .3 Trois
☐ .4 Quatre

254   Quel est la distance du périmètre de sécurité à priori, (de la zone d'exclusion) à mettre en place sur une fuite de gaz ?

☐ .1 25m
☐ .2 50m
☐ .3 100m
☐ .4 150m

255   Que signifie l'acronyme GPL ?

☐ .1 Gaz de Pétrole Liquéfié
☐ .2 Gaz de Propane Liquéfié

☐ .3 Gaz de Pétrole Liquide
☐ .4 Gaz de Propane Liquide

256 A partir de quelle température le risque d'éclatement peut intervenir sur une bouteille de gaz ?

☐ .1 Apparaît dès que la température est de l'ordre de 350°C
☐ .2 Apparaît dès que la température est de l'ordre de 450°C
☐ .3 Apparaît dès que la température est de l'ordre de 550°C
☐ .4 Apparaît dès que la température est de l'ordre de 650°C

257 De quelle couleur est l'ogive d'une bouteille d'acétylène ?

☐ .1 Ogive de bouteille de couleur marron
☐ .2 Ogive de bouteille de couleur rouge
☐ .3 Ogive de bouteille de couleur bleue
☐ .4 Ogive de bouteille de couleur jaune

258 Devant une victime qui présente une intoxication aux opiacés avec une fréquence respiratoire inférieure à 12/min et perte de connaissance il faut :

☐ .1 Pratiquer les gestes de réanimation nécessaires
☐ .2 Administrer de la naloxone par voie intra-nasale
☐ .3 Mettre la victime en PLS
☐ .4 Retirer les patchs de médicaments éventuels

259 L'échelle verbale simple permettant d'évaluer l'intensité de la douleur d'un adulte est une note de :

☐ .1 Note de 0 pour nulle à 4 douleur insupportable
☐ .2 Note de 1 pour nulle à 5 douleur insupportable
☐ .3 Note de 0 pour nulle à 10 douleur insupportable
☐ .4 Note de 1 pour nulle à 10 douleur insupportable

260 L'electrode sur le côté gauche du thorax, est collé chez l'adulte :

☐ .1 1 à 2 cm au dessous de l'aisselle gauche

- ☐ .2 3 à 4 cm au dessous de l'aisselle gauche
- ☐ .3 5 à 10 cm au dessous de l'aisselle gauche
- ☐ .4 15 à 20 cm au dessous de l'aisselle gauche

6 REPONSES QCM

Vous pouvez retrouver ici les corrections détaillées du QCM. Nous avons essayé de vous aider en vous mettant les références des GDO, GTO et recommandations PSE pour vous faire gagner du temps dans la recherche des réponses.

1 Quel moyen mnémotechnique permet de mémoriser les différentes phases d'une intervention pour une personne bloquée dans un ascenseur ?

Réponse : 1
S.E.C.U.R.I.T.E
- Situation
- Electricité
- Contact
- Utilisation des radios
- Ramener la cabine
- Inviter la ou les personne(s) à sortir
- Technicien
- Empecher l'accès

2 Quel(s) type(s) d'ascenseur(s) exsitent-ils ?

Réponse : 1 et 3
Hydraulique et électrique

3 Quelles sont les causes possibles de blocage d'un ascenseur ?

Réponse : 1, 2 et 4
- Panne moteur
- Panne électrique
- Défaut de fonctionnement des freins
- Surcharge intérieur cabine

4 A quel niveau ramène-t-on la cabine d'un ascenseur ?

Réponse : 1
Au niveau supérieur
N.B: Les ascenseurs hydrauliques ne peuvent que descendre.

5 Quel risque est-on susceptible de rencontrer lors d'une manœuvre de secours sur un ascenseur hydraulique ?

Réponse : 2
La projection d'huile hydraulique

6   Quel(s) circuit(s) électrique(s) fonctionne(ent) toujours malgré la coupure de l'alimentation électrique d'un ascenseur ?

Réponse : 1,2 et 3
- Eclairage cabine
- Eclairage du local machinerie
- Dispositif de demande de secours

7   Quelles sont les 3 étapes majeures à respecter avant de quitter les lieux d'une intervention pour personne bloquée dans un ascenseur ?

Réponse : 1, 2 et 3
- Vérifier que l'ascenseur soit bien resté hors tension.
- S'assurer de la fermeture et du verrouillage effectif de toutes les portes palières et appliquer de la rubalise si possible.
- Prévenir le responsable de l'immeuble de la mise hors service de l'ascenseur.

8   Où peut se trouver l'appareillage électrique si l'ascenseur est dépourvu de local machinerie ?

Réponse : 2
Sur le dernier palier, dans un coffret où une pancarte indique la mention "ACCES A LA MANOEUVRE DE SECOURS".

9   Quels sont les éléments principaux qui composent un ascenseur ?

Réponse : 1, 2, 3 et 4
- Une cabine
- Des guides, le long desquels se déplace la cabine
- Des câbles métalliques qui passent sur une poulie d'adhérence
- Un contrepoids
- Une gaine
- Un treuil
- Une machinerie

10 Lors des opérations diverses, quels devoirs le SP doit exercer dans les relations avec les sinistrés ?

Réponse : 1, 2 et 3
- **Les devoirs moraux** (Respect de la dignité humaine, des animaux, maîtrise de ses émotions, rester modeste, courtois et efficace)
- **Les devoirs légaux** (Respect des biens d'autri et de la vie humaine, respect du code de la route, secret et discrétion professionnelle…)

11 Lors d'une opération pour "Ouverture de porte", peut-on pénétrer dans un domicile sans y avoir été invité ?

Réponse : 3 et 4
Non, à l'exception de :
- Nécessité d'assistance à personne en péril (grave ou imminent)
- Trouble manifeste de l'ordre public (fuite d'eau importante, obligation de mener des reconnaissances suite ou durant un incendie)

12 Faut-il sonner au domicile d'une personne menaçant de faire une tentative de suicide ?

Réponse : 4
Non ! Surtout ne pas sonner, il faut alors agir avec précaution et prendre les mesures de sécurité nécessaires.

13 Quelles sont les 2 missions principales des SP concernant le risque animalier ?

Réponse : 3 et 4
Mission 1 : Animal menaçé, en danger sur la voie publique
Mission 2 : Animal présentant un danger pour l'homme

14 Comment catégorise-t-on les animaux en opération DIV ?

Réponse : 1 et 2
- Les espèces domestiques
- Les espèces non domestiques

On peut inclure les animaux mordeurs.

15 Quels sont les tempéraments que l'on retrouve chez les canidés ?

Réponse : 1,2,3 et 4
- Rebelle
- Indépendant
- Soumis
- Tendre
- Craintif

16 Quel(s) est (sont) le(s) risque(s) que l'on peut rencontrer au contact d'un bovin ?

Réponse : 1
- Risques d'encornage
- Risques de coups de pieds
- Risques infectieux (Zoonoses)

17 Quel moyen peut être demandé si la mission animalère dépasse les compétences du personnel non formé ?

Réponse : 4
- Les équipes spécialisées d'intervention animalière
- Le vétérinaire SP

18 A l'approche d'un animal, qu'est ce que la ligne de fuite ?

Réponse : 3
Il s'agit de la distance de sécurité pour l'animal. Distance minimum qui le sépare de son adversaire, lui offrant encore la possibilité de s'enfuir.

19 A l'approche d'un animal, qu'est-ce que la ligne critique ?

Réponse : 1
Il s'agit de l'espace vital normal de l'animal. Distance à partir de laquelle l'animal se sent coincé et n'a plus d'autre alternative que de répondre par l'attaque chez le dominant ou la soumission chez le dominé

20 Que signifie l'acronyme N.A.C

Réponse : 2

21 Quel matériel permet d'anésthésier un animal à distance ?

Réponse : 1
Le fusil hypodermique

22 Quels sont les hyménoptères les plus communéments rencontrés lors des missions SP ?

Réponse : 3 et 4
- Les guêpes
- Les frelons
- Les abeilles

23 Quels sont les risques pour une victime à la suite d'une piqure d'hyménoptère ?

Réponse : 1, 2, 3 et 4
- **Risques d'infection locale** pouvant conduire parfois au malaise.
- **Risque de décès** par un nombre important de piqûres ou dûe à leur localisation (muqueuses, cou, certaines peaux allergiques)

24 Quelle est la composition de l'air ?

Réponse : 1, 2 et 3
- Azote 78%
- Oxygène 21%
- Gaz rares 1%

25 Par quel(s) phénomène(s) se manifestent une explosion ?

Réponse : 1, 3 et 4
L'explosion est dûe à la présence d'un combustible (gaz) mélangé à un comburant (oxygène de l'air) dans des proportions données, qui en présence d'une source d'ignition ou de chaleur, va se consumer très rapidement. On observe alors 2 phénomènes : l'effet de souffle ou onde de choc et un dégagement de chaleur ou front de flammes

26 Comment se définie la L.I.E ?

Réponse : 1, 2 et 4
La limite inférieure d'explosivité d'un gaz ou d'une vapeur est la concentration

minimale (en %) au-dessus de laquelle il peut être enflammé.

27 Comment se définie la L.S.E ?

Réponse : 1, 2 et 4
La limite supérieure d'explosivité d'un gaz ou d'une vapeur dans l'air est la concentration maximale au-dessous de laquelle il peut être enflammé.

28 Quels éléments manquent dans la L.I.E et la L.S.E pour amorcer une réaction ?

Réponse : 1 et 3
- L.I.E > Le combustible
- L.S.E > Le comburant

29 Quels sont les catégories de centres de secours ?

Réponse : 2, 3 et 4
- CPI
- CS
- CSP

30 Où doit-on allumer un explosimètre ?

Réponse : 2
En zone saine.

31 Combien y a-t-il de seuil(s) d'alarme(s) sur un explosimètre ?

Réponse : 2
Il y a 2 seuils d'alarmes :
- Alarme basse ; ex :20% de la LIE (suivant le modèle)
- Alarme haute ; ex :60% de la LIE (suivant le modèle)

32 Est-ce que les poussières inflammables peuvent être détectées par l'explosimètre ?

Réponse : 2
Non, les poussières encrassent le filtre.

33 Quels sont les différents facteurs susceptibles d'influer sur le fonctionnement d'un explosimètre ?

Réponse : 1, 2, 3 et 4

- L'humidité ambiante
- Des températures très élevées ou très basses
- Les ondes électromagnétiques
- Les substances siliconnées, plombées ou soufrées

34 Qu'est-ce que le comburant ?

Réponse : 2
C'est l'oxygène contenu dans l'air qui permet à la flamme de se développer.

35 Quelles sont les grandes familles des matériels d'épuisement et d'assèchement ?

Réponse : 1, 2, 3 et 4
- Les motopompes thermiques (moto pompe d'épuisement)
- Les pompes hydrauliques (hydro-éjecteur et vide-cave)
- Les pompes électriques
- Les aspirateurs à eau

36 Quelle est la formule à utiliser pour le calcul d'un volume d'une cave rectangulaire ?

Réponse : 1
Volume = Longueur (m) x Largeur (m) x Hauteur (m)

37 Quel est le volume à aspirer d'un local inondé de 3,5m de long sur 1,75m de large et d'une hauteur d'eau de 49cm ?

Réponse : 1
Volume à aspirer : 3,5 x 1,75 x 0,49 = 3
Le volume à aspirer est de 3 mètres cube soit 3000 litres.

38 Quelle(s) précaution(s) faut-il prendre pour l'utilisation d'un aspirateur à eau ?

Réponse : 1, 2, 3 et 4
- Utiliser une prise de courant munie d'une prise de terre
- Veuiller à ne pas avoir d'écoulement d'eau ou de projection sur l'appareil
- N'ouvrir le couvercle que lorsque la prise est débranchée
- Si présence du moindre picôtement anormal, stopper immédiatement l'action
- Utiliser et transporter l'aspirateur toujours debout
- Rincer et laisser sécher l'appareil à l'issue de l'intervention.

39 Quelles sont les parties d'une pompe électrique ?

Réponse : 1 et 2

Une pompe électrique comporte 2 parties :
- ➤ Une partie électrique contenant le moteur et sa protection
- ➤ Une partie hydraulique contenant une turbine, le corps de pompe et un raccord de refoulement.

40 En tronçonnage, quel endroit du guide est véritablement dangereux lors de l'utilisation de la tronçonneuse ?

Réponse : 3
Le bout de guide, précisément le quart supérieur haut. En effet, il s'agit de la zone de rebout où la tronçonneuse peut revenir sur l'utilisateur.

41 Quelles sont les règles de précaution d'emploi des tuyaux ?

Réponse : 1, 2, 3 et 4
1. Utiliser le moins possible de tuyaux
2. Eviter les enchevêtrements, les plis et les coudes
3. Serrer le plus possible les bordures de trottoir
4. Eviter de couper les rues

42 Cochez ce qui fait partie de la famille des pièces de jonction ci-dessous ?

Réponse : 1, 2 et 3
- ➤ Les raccords
- ➤ Les divisions
- ➤ Les coudes d'alimentation
- ➤ Les retenues
- ➤ Les collecteurs
- ➤ Les vannes

43 Quels sont les différents types de tuyaux incendies ?

Réponse : 2 et 3
- ➤ Tuyaux de refoulement
- ➤ Tuyaux d'aspiration

   Réf : p49 GTO établissements techniques extinction

44 Dans le cadre de l'établissement d'une ligne d'attaque sur prise d'eau quel matériel prend l'équipier ?

Réponse : 1 et 4
- ➤ 1 ARI
- ➤ Une lampe
- ➤ 2 tuyaux diamètre 45

- ➢ Une commande
- ➢ Une radio si ce matériel est en dotation dans son SDIS

Réf : p63 GTO établissements techniques extinction

45 Dans le GTO "Etablissements et techniques d'extinction", combien de manoeuvres de base trouve-t-on ?

Réponse : 1
6 manoeuvres de base de ETB-1 à ETB-6 p 53 GTO Etablissements et techniques d'extinction

46 Quelle est la longueur règlementaire d'une LDT selon le GTO "Etablissements et techniques d'extinction" ?

Réponse : 3
L'etablissement de la lance en eau du de vidoir tournant (LDT) est constitue de 40 a 80 m de tuyaux semi rigide de diame tre de 23 ou 33 mm
Réf : p55 du GTO établissements techniques extinction

47 Que signifie "RIM" ?

Réponse : 2
"Règlement d'instruction et de manoeuvres" éditée pour la 1ère fois en 1954.

48 « Pour l'établissement d'une LDV 500 sur une division d'alimentation, avec le dévidoir mobile, en reconnaissance » est un ordre ?

Réponse : 2
Ordre préparatoire
Réf : p53 du GTO établissements techniques extinction

49 Combien comprend de phases la MGO selon le GTO "Etablissements et techniques d'extinction" ?

Réponse : 3
11 étapes **Réf : p68 GDO Incendies de structures 2018**

50 Parmis les réponses ci-dessous quelles sont les prises d'eau ?

Réponse : 1, 2, 3 et 4
- ➢ Engin pompe
- ➢ Poteau d'incendie

- Bouche d'incendie
- Colonne sèche/humide
- Division

51 Lorsque le chef d'agrès termine sa phrase par « établissez ! » il s'agit d'un ordre ?

Réponse : 3
Ordre exécutoire se termine par "Etablissez ou Alimentez !"
Réf : P53 GTO établissements techniques extinction

52 Selon sa défintion l'échelle à crochet est un matériel de ?

Réponse : 3
Il s'agit d'un matériel de sauvetage permettant d'accéder de balcon en balcon lorsque les communications existantes sont totalement impraticables et sans autre échelle à disposition (impasse, passage étroit…) ou l'environnement ne permet pas le développement d'une autre échelle.

53 Quel est l'armement normalisé d'un dévidoir à bobine ?

Réponse : 3
160 à 240m de tuyaux de diamètre 70

54 Quelle est la longueur normalisée d'un tuyau de diamètre 70

Réponse : 2 et 4
20m et 40m. **Réf : RIM p 75**

55 Que signifie l'acronyme S.D.I.S ?

Réponse : 2
Service départemental d'incendie et de secours

56 Quelle est la position d'attente d'une victime qui présente des difficultés à respirer ?

Réponse : 3
Position demi-assise

57 Quelle(s) sont les principale(s) cause(s) d'un incendie ?

Réponse : 1, 2 et 3

- ➢ Humaines (imprudence, négligeance, malveillance)
- ➢ Naturelles (foudre, soleil, fermentation)
- ➢ Energétiques (arc électrique, réaction chimique)

58 Cochez les différents modes de propagation d'un incendie :

Réponse : 1, 2, 3 et 4
- ➢ Par rayonnement
- ➢ Par convection
- ➢ Par conduction
- ➢ Par déplacement de substances en combustion

59 Qu'est-ce que la combustion ?

Réponse : 1
La combustion est une réaction chimique exothermique d'oxydoréduction entre un combustible et un comburant produisant de la chaleur et de la lumière.

60 La classe de feux F correspond :

Réponse : 3
- ➢ Classe A : feux dit "secs" (matériaux solides formant des braises)
- ➢ Classe B : feux dit "gras" (liquides et solides liquéfiables)
- ➢ Classe C : feux de gaz (butane, propane, méthane)
- ➢ Classe D : feux de métaux (sodium,
- ➢ Classe F : feux d'auxiliaires de cuisson (huiles et graisses végétales)

61 Quels procédés d'extinction connaissez-vous ?

Réponse : 1, 2, 3 et 4
- ➢ Refroidissement
- ➢ Etouffement
- ➢ Soufflage
- ➢ Inertage
- ➢ Coupure d'alimentaion
- ➢ Part du feu
- ➢ Dispersion
- ➢ Inhibition

62 Qu'est-ce que la prévention ?

Réponse : 1
C'est l'ensemble des mesures techniques et administratives prises afin d'éviter la naissance et la propagation d'un incendie dans le but d'en limiter les effets directs et

indirects sur les personnes et les biens.

63   Qu'est-ce que la prévision ?

Réponse : 4
C'est l'ensemble des mesures visant à déceler un incendie dès son éclosion et à permettre la mise en oeuvre rapide et efficace des moyens d'intervention.

64   Quels sont les objectifs de la prévention ?

Réponse : 1, 2, 3 et 4
La **prévention** a pour objet l'étude des mesures visant à permettre l'évacuation des personnes en danger (risques de panique), de limiter les risques d'éclosion et de propagation d'incendie et de faciliter l'intervention des secours.

65   Quels sont les différents agents extincteurs que vous connaissez ?

Réponse : 1, 2, 3 et 4
- L'eau (avec ou sans additif)
- Les poudres
- Les mousses
- Le dioxyde de carbone (CO_2)

66   Quel est l'objectif de la reconnaissance (en incendie) ?

Réponse : 1, 2, 3 et 4
La reconnaissance consiste à explorer les endroits exposés à l'incendie, de manière à réaliser des sauvetages, à discerner et determiner les matières qui brûlent, à identifier les points d'attaque et les cheminements à suivre pour y parvenir.

67   La pression s'exprime en bar. Un bar correspond à :

Réponse : 3
Le symbole de la pression est P. Elle est exprimée en bar (bar).1 bar correspond a 1 kg/cm2.
Réf : P 47 GTO établissements et techniques d'extinction

68   Qu'est-ce qu'une mise en sécurité ?

Réponse : 3 et 4
La mise en sécurité à pour but de mettre en sûreté toute personne suite à un sinistre de moindre ampleur ou à effectuer une mesure préventive afin de parer à un risque

ultérieur éventuel.

69   Quel est le matériel nécessaire dont doit se munir l'équipier BAT lors de l'établissement de la LDT ?

Réponse : 1, 2, 3 et 4
➢ 1 ARI
➢ 1 Lampe
➢ Tuyaux de diamètre 25 ou 33
➢ 1 commande
Ref : p 55 GTO établissements techniques extinction

70   Quel est le matériel nécessaire dont doit se munir l'équipier BAL pour l'établissement d'une division d'attaque ?

Réponse : 2 et 3
Une lampe et 1 à 3 tuyaux en couronne ou en écheveau. L'ARI est une option et la radio si ce matériel est en dotation dans le SDIS
Réf : p 59 du GTO établissements techniques extinction

71   En phase d'attaque, que veut dire l'action de "circonscrire le feu" ?

Réponse : 3
Il s'agit de préserver le pourtour du feu par un circuit de lances de manière que le feu ne puisse se propager d'aucun côté.

72   En quoi consiste la surveillance d'un feu ?

Réponse : 2
Cela a pour objectif d'empêcher une reprise du feu après le départ des secours. L'effectif SP varie selon l'importance du sinistre à surveiller et le nombre de lances encore utiles.

Il est aussi réduit que possible mais ne doit pas comporter moins de 2 hommes. Le COS fera relever ou diminuer cet effectif au besoin jusqu'à ce qu'il ait acquis la certitude que tout danger est définitivement écarté.

73 Quel est le moyen mnémotechnique utilisé concernant la technique de progression dans un volume en feu ?

Réponse : 4
Le T.O.O.T.EM
➢ Toucher

> Observer
> Ouvrir
> Tester
> Engagement Minimum

74 Donner la définition d'un "Backdraft" :

Réponse : 1
Fumées surchauffées, accumulées dans un volume clos, explosant lors d'un apport d'air.

75 Quels sont les signes traduisant une forte intensité thermique à l'intérieur d'un volume clos ?

Réponse : 1 et 2
> Fumées grasses et chargées
> Fumées sortant par bouffées des intertices (le feu respire)
> Possibilité de voir sortir les fumées par le bas des portes
> Les fumées peuvent être ré-aspirées à intervalles irréguliers
> Couleurs inhabituelles des fumées (jaunâtre, brunâtre, verdâtre)
> Aucune flamme ou lumière
> Vitres noires et opaques
> Portes, huisseries et poigneés de porte sont très chaudes

76 Donner la définition d'un "Flashover" :

Réponse : 3
Dans un volume semi-ouvert, passage instantané d'une situation de feu localisé à un embrasement généralisé des matériaux combustibles qui s'y trouvent.

77 Quelles sont les conséquences majeures d'un embrasement généralisé ?

Réponse : 1 et 2
L'incendie, localisé dans une seule partie du volume, transforme celui-ci en un brasier considérable risquant de piéger mortellement les victimes et les intervenants, de déstabiliser le dispositif de lutte et de secours et de propager l'incendie.

78 Quel moyen permet d'évaluer le danger dans un volume semi-ouvert ?

Réponse : 3
Le test du plafond. L'évaluation de la température de la couche de fumées s'effectue en utilisant le principe de la vaporisation de l'eau.

Action d'ouvrir et de fermer très rapidement une lance en jet diffuse d'attaque visant la couche dense de fumées dans la partie haute du volume. L'eau finement projetée se vaporise en absorbant une grande quantité d'énergie.

En absence d'une énergie moindre, l'eau retombe rapidement sans se vaporiser.

79   Quel est le moyen mnémotechnique utilisé concernant la lecture du feu ?

Réponse : 1
F.F.C.O.S
- Fumées (couleur, densité…)
- Flammes (couleur, intensité…)
- Chaleur (couches de températures dans le volume)
- Ouvertures (fenêtres, portes et excutoires)
- Sons (origine et intensité)

80   Face à des signes de "backdraft" sans exutoire possible, quelle est l'attitude à adopter ?

Réponse : 1 et 3
- **Attitude Offensive :**
    - Etablissement d'une LDV 500
    - Création en partie haute d'un orifice réduit donnant à l'intérieur du volume sinistré
    - Introduire immédiatement la LDV 500 en jet diffusé pour inerter le volume et absorber les calories
    - Action continue jusqu'à la disparition des signes extérieurs d'explosion de fumées
    - Inerter les fumées résiduelles et ventiler le volume

81   Que signifie l'acronyme LSPCC ?

Réponse : 3
Lot de sauvetage et de protection contre les chutes

82   Donner les causes de réforme immédiate des agrès en fibres synthétiques du LSPCC :

Réponse : 3 et 4
- Exposition en atmostphère corrosive, partie brûlée et/ou fondue, souillure par produit corrosif
- Gaine coupée, usée, âme de la corde visible
- Perte de souplesse de la corde ou zone de réduction du diamètre de celle ci

83   Comment s'effectue l'entretien et le nettoyage d'une corde du LSPCC ?

Réponse : 2
- ➢ Lavage à grande eau (30° maximum)
- ➢ Sans détergent
- ➢ Séchage à plat et à l'ombre

84   Combien de manœuvre sont réalisables avec le LSPCC ?

Réponse : 3
- ➢ Sauvetage d'une personne par l'extérieur
- ➢ Reconnaissance d'appartement
- ➢ Protection individuelle contre les chutes
- ➢ Sauvetage dans les puits, fosses ou excavation

85   Quels sont les nœuds réalisables en intervention LSPCC ?

Réponse : 1 et 3
Noeud de huit double
Noeud francais
Clé d'arrêt sur 8 descendeurs

86   Dans la manoeuvre spécifique (LSPCC), quel est le point de sécurité à respecter pour le passage au vide de la victime ?

Réponse : 1
La hauteur entre le 8 descendeur et le point d'appui sur le passage au vide de la corde doit obligatoirement être supérieur à 20cm.

87   Est-il possible de mettre en sécurité une personne se trouvant au dernier étage d'un bâtiment R+12 au moyen du LSPCC ?

Réponse : 1
Oui, c'est possible. Il sera alors nécessaire de réaliser un dispositif de sauvetage d'une victime par l'extérieur et de sécuriser cette dernière à un étage inférieur, en évoluant selon la longueur utile de la corde, soit un peu moins de 30m.

88   Après engagement avec le LSPCC, quelle(s) verification(s) doit(vent) être effectuée(s) ?

Réponse : 1 et 2
- ➢ **Tactile** : détection de corps étranger dans les agrès en fibre synthétique, usure de la gaine, détérioration par la chaleur
- ➢ **Visuelle** : des pièces métalliques et des agrès en fibres synthétiques (couture,

usure, souillure)
> **Identifier** les causes de réformes immédiates

89 Quel est le nombre minimum de connecteurs (ou mousquetons) d'un LSPCC ?

Réponse : 1
- 6 connecteurs au minimum
- Résistance grand axe : 2000kg
- Résistance petit axe : 750kg

90 Quels sont les éléments optionnels d'un LSPCC ?

Réponse : 1, 2 et 3
- Les protections de corde
- La cordelette
- Le mousqueton à verrouillage automatique

91 Lors d'une intervention LSPCC quels types d'ancrage peut-on trouver ?

Réponse : 1, 2 et 3
- 3 types d'ancrage :
  - Naturels
  - Structurels
  - Artificiels.

92 Quelle est la formule permettant de calculer la pression de refoulement d'un engin pompe ?

Réponse : 1
Pression de refoulement = Pression d'utilisation d'une lance (LDV : 6 à 8 bars) + pertes de charge dans l'établissement de tuyaux de 45 + idem tuyaux de 70 + idem tuyaux de 110 + la dénivelée, soit : **Pr = P0 + J45 + J70 + J110 + Z**

93 Quel est le calcul théorique du piétage d'une échelle à coulisse ?

Réponse : 2
1/5 de la hauteur déployée + 0,60m

94 Selon le GTO « établissements et techniques d'extinction » quelle est la distance maximale à laquelle un conducteur peut s'alimenter à l'hydrant ?

Réponse : 4
Le conducteur pourra alimenter seul l'engin tant que le point d'eau est a proximite de l'engin-pompe. Cette notion ne peut e tre quantifie e rigoureusement. Elle rele ve en effet du bon sens et s'appuie sur l'ide e que le conducteur doit pouvoir agir rapidement sur la pompe, en fonction des besoins des bino mes au contact du feu et en fonction de la quantite d'eau disponible dans la citerne.
Réf : p 68 GTO établissements techniques extinction

95 Quel document règlemente les caractéristiques des échelles à mains ?

Réponse : 3
Le Note d'information Technique 331 de l'année 2003, de la Direction de la défense et de la sécurité civiles.

96 Quelle est la longeur minimum (normalisée) déployée d'une échelle à coulisse grand modèle ?

Réponse : 1
8,10m **Réf NIT 331 échelles portables à l'usage des SDIS**

97 Quelle est la largeur minimum entre montants d'une échelle à crochet ?

Réponse : 2
- Entre montants : 17cm
- Entre les pointes : 26cm

98 Quel matériel doit se munir le conducteur d'un engin pompe pour procéder à l'alimentation d'un engin pompe sur une bouche à l'aide d'une ligne de diamètre 70 ?

Réponse : 1 et 3
1 tuyau de 20 m de Ø 70 Jusqu'a 3 tuyaux de Ø 70 (si en écheveaux)
1 cle de poteau ou cle de bouche 1 retenue (si bouche)
Réf : p 68 GTO établissements techniques extinction

99 Le casque d'intervention SPF1 vous protége contre :

Réponse : 1, 2, 3 et 4
- L'eau
- La chaleur
- Les flammes
- Les chocs
- L'électricité

100 Quelle est la perte de charge d'un tuyau de diamètre 45 ?

Réponse : 4
- Tuyau de 45 : 1,5b / 100m
- Tuyau de 70 : 0,55b / 100m
- Tuyau de110 : 0,27b / 100m

101 Quelle est la perte de charge à prendre en compte lors de l'établissement d'une lance sur échelle à 20m de haut ?

Réponse : 2
- Les 2 bars de perte de charge occasionnés par la hauteur (dénivelée positive).

Rappel : 1 bar tous les 10m

102 Quels sont les principaux types d'effondrements d'un bâtiment ?

Réponse : 3 et 4
1. A plat
2. Oblique
3. En V

103 Quels sont les différents types de construction ?

Réponse : 1 et 2
- Traditionnelle
- A ossature
- Mixte (alliant les 2 précédentes)
- Préfabriquée

104 Dans une construction, quels sont les éléments du gros oeuvre ?

Réponse : 2 et 3
- Les fondations
- Les structures (murs, cloisons, planchers)
- Les toitures
- Les gaines de circulations et conduits

105 Quels sont les éléments principaux d'une charpente traditionnelle ?

Réponse : 1, 2, 3 et 4
- L'entrait
- Les arbalétriers
- Le poinçon
- Les fiches et contres fiches
- Les pannes sablière/intermédiaire/faitière
- Les échantignoles
- Les chevrons
- Les lattes ou les liteaux

106 Quelle est la loi des pertes de charges en hydraulique ?

Réponse : 1, 2 et 3
- Elles sont directement proportionnelles à la longueur de l'établissement.
- Elles sont proportionnelles au carré du débit.
- Elles sont inversement proportionnelles au diamètre du tuyau.
- Elles sont indépendantes de la pression, seul le débit compte.
- Elles sont dépendantes de la rugosité interne des tuyaux.

107 Quels sont les différents facteurs qui influent sur la mise en aspiration d'un engin pompe ?

Réponse : 1 et 2
- Pertes de charges dans les tuyaux d'aspiration et crépine.
- Influence de l'altitude sur la pression atmosphérique.
- Température et qualité de l'eau.
- Imperfection du matériel à faire le vide (fuite, entrée d'air)

108 Pourquoi le béton est un danger à l'issue d'un incendie ?

Réponse : 1
- Le béton absorbe les gaz de combustion lors d'un incendie et les dégagent notamment en phase de déblai.
- Le monoxyde de carbone étant l'un des principaux gaz émis, on s'en protège

par le port de l'ARI.

109 Dans le cadre des transmissions, qu'appelle-t-on un réseau ?

Réponse : 4
Les réseaux servent aux différents services afin de communiquer entres eux. Ils sont mis en place par les services de transmission et sont constitués de l'ensemble des équipements mise en oeuvre pour satisfaire les besoins en liaison nécessaire à l'accomplissement des missions de la sécurité civile.

110 Quels sont les principaux types de réseaux en transmission ?

Réponse : 1 et 2
- Réseau interne
- Réseau externe
- Réseau internationnal

111 Dans les réseaux internes de transmission, qu'est-ce qu'un réseau de travail ?

Réponse : 1
Il permet la transmission de l'information entres les moyens engagés sur le terrain et le **CODIS** concerné.
On y retrouve le réseau **"Commandement"** et le réseau **"Opérationnel"**.

112 Qu'est-ce qu'un réseau tactique ?

Réponse : 3
Il permet de communiquer sur opération sans gêner le fonctionnement du réseau de travail (opérationnel).
Il est mis en place ponctuellement par le COS.

113 En topographie, qu'appelle-t-on une "échelle" ?

Réponse : 1
C'est le rapport entre une distance sur le terrain et cette même distance sur la carte.
Elle s'exprime sous la forme d'une fraction.

114 Qu'est-ce que la topographie ?

Réponse : 1
La topographie est la science qui permet la mesure puis la représentation sur un plan ou une carte des formes et détails visibles sur le terrain, qu'ils soient naturels ou artificiels.

115 Qu'est-ce qu'une légende de carte ou de plan ?

Réponse : 2
La légende est la liste explicative des signes conventionnels figurants sur une carte ou un plan.

116 Combien y-a-t-il de "Nord" ?

Réponse : 3
On peut distiguer 3 Nord :
- ➢ Nord géographique
- ➢ Nord magnétique
- ➢ Nord d'une carte

117 1cm sur une carte au 1/25 000ème, correspond sur le terrain à :

Réponse : 2
250m (*Moyen mémotechnique il faut supprimer les 2 derniers 0*)
Exemple : pour une échelle au 1/150 000 **Cela donne 1 cm = 1500 m sur le terrain**

118 Une bouteille d'ARICO de type II est une :

Réponse : 1
- ➢ **Type I :** Bouteilles métalliques   **Type II :** Bouteilles métalliques renforcées
- ➢ **Type III :** Bouteilles composites avec liner métallique
- ➢ **Type IV :** Bouteilles composites avec liner plastique P14 GTO engagement vicié

119 Quel est l'arrêté fixant les tenues, uniformes, équipements, insignes et attributs des sapeurs-pompiers ?

Réponse : 1
Arrêté du 8 avril 2015 fixant les tenues, uniformes, équipements, insignes et attributs des sapeurs-pompiers

120 Quel acronyme évoque la sécurité collective ?

Réponse : 2
G A R R S P P. F R
- Garder toujours le contact.
- Agir en concertation.
- Respecter les consignes.
- Réfléchir avant d'agir.
- Surveiller l'environnement.
- Prévenir du danger.
- Penser au repli.
- Faire passer les messages.
- Réaliser la mission et rendre compte

121 Identifier le(s) acteur(s) de la chaine de secours en France :

Réponse : 1, 2, 3 et 4
- Le citoyen
- Les réserves communales de la sécurité civile
- Les médecins libéraux et entreprises de transport sanitaire agréé
- Les associations agréés de la sécurité civile
- Les services de gendarmerie et de la police nationale
- Les SDIS et les forces militaires de la sécurité civile
- Les SAMU
- Les hôpitaux publics et privés des urgences

122 Quand doit-on faire un dégagement d'urgence ?

Réponse : 2 et 3
Danger réel, immédiat, vital et non contrôlable.
Pour la réalisation de geste d'urgence vital sur une victime se trouvant dans un lieu ou dans une position ne permettant pas de les réaliser.
Réf : p 62 recommandations PSE 2019

123 De quoi est composé le système nerveux ?

Réponse : 1, 2 et 3
- Du cerveau
- De la moelle épinière
- Des nerfs

124 Quel est le rôle de la fonction respiratoire ?

Réponse : 2 et 3
Elle apporte en permanence de l'oxygène à l'organisme en le puisant dans l'air ambiant (concentration de 21% d'o^2), puis le transporte vers les alvéoles pulmonaires avant d'être pris en charge par la circulation.
En retour, le CO_2 contenu dans le sang est évacué de l'organisme vers l'extérieur.

125 Combien de bilans secouriste utilisez-vous ?

Réponse : 3
Quatre bilans :
- Bilan circonstanciel
- Bilan d'urgence vitale
- Bilan complémentaire
- Bilan surveillance

Réf : 1.1 Bilans recommandations PSE 2019

126 Quelle est la fréquence respiratoire normale d'un adulte ?

Réponse : 2
- **Adulte :** 12 à 20 mouvements/minute
- **Enfant :** 20 à 30
- **Nourisson :** 30 à 40
- **Nouveau Né :** 40 à 60

Réf : p 57 recommandations PSE 2019

127 Quelle est la fréquence cardiaque normale d'un adulte ?

Réponse : 2
- Adulte : 60 à 100 battements/minute
- Enfant : 70 à 140
- Nourisson : 30 à 40
- Nouveau Né : 120 à 160

Réf : p 59 recommandations PSE 2019

128 Quel est le rôle du système circulatoire ?

Réponse : 1, 2, 3 et 4
- Transport de l'oxygène des poumons vers les tissus
- Transport de l'énergie extraite des aliments vers les cellules
- Reccueillir le CO_2 puis le transporter vers les poumons pour être éliminé
- Recueillir les déchets des aliments et de les éliminer, entre autres par les urines.

129 Quelle est la composition du système circulatoire ?

Réponse : 1 et 2
- Petite et grande circulation
- Oreillettes et ventricules
- Valves unidirectionnelles
- Artères aorte et pulmonaire

130 Qu'est-ce qui peut provoquer une obstruction grave des voies aériennes ?

Réponse : 1, 2, 3 et 4
- Victime inconsciente (sur le dos)
- Corps étranger
- Réaction allergique
- Maladies inflammatoires (enfant)

131 Donner les débits d'oxygène en inhalation pour un nourrisson ?

Réponse : 1
- **Inhalation :** Adulte > 9 – Enfant > 6 – Nourrisson > 3
- **Insufflation :** Adulte > 15 – Enfant > 9 – Nourrisson > 3

132 Quelles sont les différentes techniques de désobstruction des voies aériennes ?

Réponse : 2, 3 et 4
- Claques dans le dos
- Compressions abdominales
- Compressions thoraciques

133 Que signifie l'acronyme D.A.S.R.I

Réponse : 2
- **DASRI :** Déchets des activités de soins à risque infectieux
- **OPTC :** Objets perforant, tranchant et coupant

> **DAOM** : Déchets assimilés aux ordures ménagères

134   Quelles sont les questions à se poser lors du bilan circonstanciel ?

Réponse : 1, 2 et 3
- Que s'est il passé ?
- Existe-il un danger ?
- Les secours sont-ils suffisants ?
- Combien y a-t-il de victimes ?
- Les informations en ma possession sont-elles correctes ?

Réf : p 11 recommandations PSE 2019

135 Dans le cas d'une victime qui présente une détresse, les paramètres vitaux au sein du bilan de surveillance doivent etre contrôlés :

Réponse : 3
Chez une victime qui présente une détresse, les paramètres vitaux doivent être contrôlés toutes les 5 minutes au maximum. Dans les autres cas, elles seront contrôlées toutes les 10 à 15 minutes.

Réf : p 21 recommandations PSE 2019

136   Quels sont les causes d'une perte de connaissance ?

Réponse : 1, 2 et 3
Les causes d'une perte de connaissance peuvent être d'origine traumatique, médicale ou toxique.

Réf : p 23 recommandations PSE 2019

137   Quelles sont les fonctions essentielles de la peau ?

Réponse : 1 et 2
- Elle protège l'organisme contre les agressions extérieures
- Elle participe à la régulation de la température
- Elle informe l'organisme sur l'environnement extérieur

138   Quelle est la valeur normale de la saturation en oxygène ?

Réponse : 4
La SpO2 se situe normalement entre 94 et 100 %.

Réf : p 52 recommandations PSE 2019

139   Quelle est l'autonomie d'une bouteille d'oxygène de 5 litres à une pression de 150 bars lors de l'inhalation chez un enfant ?

Réponse : 4

- T=PxV/Q
    - T étant le temps
    - P étant la pression (150b)
    - V étant le volume de la bouteille (5L)
    - Q étant le débit chez l'enfant (6l/min)

Soit : 150x5/6=125min soit : 2h05.

140   Quelle est la conduite à tenir face à une plaie grave du thorax ?

Réponse : 1 et 2
- Position assise dès lors qu'il existe une gêne respiratoire, sinon position la plus adaptée. Dénuder le thorax en préservant son intimité.
- Ne jamais retirer un corps étranger – Sauf contre-indication médicale, la plaie est protégée par 1 pansement non occlusif et stérile.
- O2 si nécessaire
- Protéger la victime
- Transmettre le bilan
- Surveillance

141   Quels sont les principes généraux de relevage et de brancardage ?

Réponse : 1 et 3
- Stabilité des positions et sécurité des mouvements des secouristes
- Fermeté des prises
- Bonne répartition des charges
- Synchronisation des mouvements

142   A combien de secouriste doit-on réaliser un transfère d'une victime à l'aide d'une alèse portoir ?

Réponse : 3
3 secouristes
Réf : p 124 recommandations PSE 2019

143   Quelles sont les actions que l'équipier doit réaliser au cours du bilan d'urgence vitale ?

Réponse : 1, 2 et 4
- Rechercher une détresse vitale immédiate

- ➢ Identifier la plainte principale de la victime
- ➢ Rechercher une détresse vitale moins évidente **demander un renfort ou un avis médical si nécessaire**

Réf : p 11 recommandations PSE 2019

144   Comment évalue-t-on la respiration chez une victime ?

Réponse : 3 et 4
L'évaluation de la respiration chez une victime qui respire (plus de 6 mouvements par minute) est faite en observant la victime, en comptant la fréquence des mouvements respiratoires sur une minute, en appréciant l'amplitude et la régularité de la respiration, en examinant sa peau et ses muqueuses. En complément de l'évaluation de la respiration, la mise en place d'un oxymètre de pouls permet la mesure de la saturation pulsée en oxygène.
Réf : p 15 recommandations PSE 2019

145   Quel acronyme permet d'analyser une plainte lors du bilan secouriste ?

Réponse : 2
P.Q.R.S.T.
- Provoqué par…
- Qualité
- Région
- Sévérité
- Temps

146   Que signifie l'acronyme B.A.V.U ?

Réponse : 2
Ballon Auto-remplisseur à Valve Unidirectionnelle

147   Indiquer les éléments qui composent la peau :

Réponse : 1, 2, 3 et 4
- ➢ Les pores
- ➢ Les poils

- ➢ Les nerfs (capteurs)
- ➢ Les glandes sudoripares

148 De quoi se composent les membres inférieurs ?

Réponse : 1, 2 et 4
Membre inférieur :
- Cuisse
- Genou
- Jambe
- Cheville
- Pied

149 De quoi se composent les membres supérieurs ?

Réponse : 2 et 3
Membre supérieur :
- Bras
- Coude
- Avant bras
- Poignet
- Main

150 Comment évalue-t-on la circulation chez une victime ?

Réponse : 2, 3 et 4
L'évaluation de la circulation est réalisée en chiffrant le pouls sur une minute, en appréciant son amplitude et sa régularité, en examinant la peau et les muqueuses de la victime, en mesurant la pression artérielle et le temps de recoloration cutanée (TRC).
Réf : p 15 recommandations PSE 2019

151 Quels sont les grands principes d'action de secours dans le cadre de situation à nombreuses victimes ?

Réponse : 1 et 2
- ➢ Procéder à une reconnaissance rapide du site
- ➢ Procéder au repérage des nombreuses victimes
- ➢ Assurer la sécurité
- ➢ Transmettre sans délai les informations recueillies et demander des moyens en renfort
- ➢ Réaliser les gestes de secours les plus urgents

152 Le lot membre sectionné ou arraché est composé :

Réponse : 1, 3 et 4
- D'un sac isotherme doublé à l'intérieur d'une poche plastique étanche destinée à recevoir le segment de membre amputé ;
- D'une paire de gants stériles ;
- D'un ou plusieurs sacs réfrigérants instantanés ou de la glace ;
- D'un champ stérile.

Réf : p 77 recommandations PSE 2019

153 Lors de l'aide à la prise de médicaments, les médicaments administrés dans ce cadre sont sous la forme :

Réponse : 1, 2, 3 et 4
- D'un gaz (ex. oxygène) ;
- De spray buccal, parfois administrés par l'intermédiaire d'une chambre de mélange (ou chambre d'inhalation) ;
- De spray nasal (ex. naloxone en spray)
- De comprimés ;
- De dispositif auto injectable (DAI) (ex. DAI d'adrénaline).

Réf : p 74 recommandations PSE 2019

154 Que signifie l'acronyme D.A.E ?

Réponse : 1
L'utilisation du défibrillateur automatisé externe (DAE) est indiquée chez toute victime en arrêt cardiaque.

Réf : p 70 recommandations PSE 2019

155 Quelle est la conduite à tenir face à une morsure de serpent ?

Réponse : 3 et 4
- Ne jamais pratiquer une quelconque technique d'aspiration
- Allonger la victime, lui demander de rester calme et la rassurer
- Retirer bagues, bracelets si la morsure siège au niveau des mains
- Réaliser un pansement compressif sur le membre
- Immobiliser le membre atteint
- Transmettre le bilan et appliquer les consignes reçues

156 Lors d'un traumatisme dentaire, comment doit-on conditionner la dent tombée ?

Réponse : 3 et 4
Dans un récipient contenant du sérum physiologique ou à défaut du lait.
Réf : p 38 recommandations PSE 2019

157 Quelles peuvent être les causes d'une crise convulsive ?

Réponse : 1, 2, 3 et 4
- Traumatisme crânien
- Certaines maladies entrainant des lesions cérébrales
- Absorption de certains poisons ou toxiques
- L'hypoglycémie
- Le manque d'oxygène
- Une maladie (épilepsie)
- Fièvre notamment chez l'enfant et le nourrisson

158 Lors d'un relevage à 3 secouristes, qui dirige la manœuvre ?

Réponse : 1
Il s'agit du secouriste positionné "en pont" au dessus de la tête qui dirige l'ensemble de la manoeuvre.

159 Dans quel cas l'application de froid est proscrite ?

Réponse : 2 et 3
Sur une plaie et chez une victime qui a perdu connaissance.

160 Quelles sont les différentes positions d'attentes et de transport ?

Réponse : 1, 3 et 4
Position à plat dos, horizontale
Position assise ou demi-assise
Position sur le côté
Position cuisses fléchies, jambes repliées

161 A quelle date fût adoptée la constitution de la 5ème République ?

Réponse : 2
Le 4 Octobre 1958

162   De quel pouvoir le Président de la République dispose t-il ?

Réponse : 2
Du pouvoir exécutif.

163   Qui vote les lois et le budget ?

Réponse : 3
Le Parlement.

164   Dans la hierarchie des normes françaises quel est le texte le plus important ?

Réponse : 4
- Constitution
- Lois
- Décrets
- Arrêtés
- Circulaires
- Notes

165   Quel est le rôle du Parlement français ?

Réponse : 1
Le parlement
- Vote les lois.
- Contrôle l'action du gouvernement.
- Évalue les politiques publiques.
- Comprend l'Assemblée nationale et le Sénat.

166   Que juge le tribunal administratif ?

Réponse : 3
Le tribunal administratif juge les litiges entre les particuliers et les administrations, ainsi que les conflits du travail dans la fonction publique. Il juge en premier ressort, c'est-à-dire qu'il est le premier tribunal saisi d'une affaire

167   Si vous commettez un délit majeur, devant quel tribunal allez-vous être jugé ?

Réponse : 1
Le tribunal correctionnel.

168 Si l'on commet un crime, devant quel tribunal ou cour allons nous être jugé ?

Réponse : 2
La cour d'assise.

169 Qu'est-ce que la décentralisation ?

Réponse : 1
Il s'agit d'un processus d'aménagement de l'Etat unitaire qui consiste à tranférer des compétences administratives de l'Etat vers des collectivités locales distinctes de lui.

170 Combien existe-t-il de zones de défense et de sécurité en France :

Réponse : 2
7 zones de défense, il s'agit des la zone Paris
- Nord
- Ouest
- Sud Ouest
- Sud
- Sud Est
- Est

171 Quelle est le rôle d'un préfet ?

Réponse : 3 et 4
Le préfet reste le "dépositaire de l'autorité de l'État dans le département". Il demeure responsable de l'ordre public : il détient des pouvoirs de police qui font de lui une "autorité de police administrative". Il est le représentant direct du Premier ministre et de chaque ministre dans le département

172 Combien y-a-t-il de députés en France ?

Réponse : 2
577 députés pour 348 sénateurs

173 Quel pouvoir détient le Maire sur la commune ?

Réponse : 1 et 3
Le maire est titulaire de pouvoirs propres. En matière de police administrative, il est chargé de maintenir l'ordre public, défini dans le code général des collectivités

territoriales (CGCT) comme le bon ordre, la sûreté, la sécurité et la salubrité publiques. Il s'agit également de polices spéciales (baignade, circulation…).

174   Quelle est la durée du mandat présidentiel ?

Réponse : 1
5 ans

175   Combien de mandats consécutifs, le Président de la république peut-il exercer ?

Réponse : 1
2 mandats consécutifs selon la réforme constitutionnelle du 23 juillet 2008.

176   En cas de décès, démission ou empêchement du Président, qui exerce ses fonctions par intérim ?

Réponse : 4
Il s'agit du président du Sénat d'après l'article 7 alinéa 4 de la Constitution.

177   Qui est l'auteur de l'hymne « la Marseillaise » ?

Réponse : 4
La Marseillaise a été composée à Strasbourg le 25 Avril 1792 par Rouget de Lisle. Elle a été proclamée hymne national en 1880.

178 Que représente la couleur bleu et rouge du drapeau français ?

Réponse : 3
Le drapeau est né sous la Révolution, de la réunion des couleurs du roi (blanc) et de la ville de Paris (bleu et rouge).
C'est le drapeau de la France depuis 1830

179   Comment est élu le Président de la République française ?

Réponse : 1
Il est élu au suffrage universel direct par tous les français majeurs et au scrutin majoritaire uninominal à 2 tours.

180   Quel est le rôle du DOS (Directeur des Opérations de Secours) ?

Réponse : 1, 2 et 3

- ➢ Dirige et coordonne les actions et la communication de tous les intervenants
- ➢ Anticipe les conséquences
- ➢ Informe les niveaux administratifs supérieurs
- ➢ Mobilise les moyens publics et privés sur son territoire de compétences.

181 Que signifie l'acronyme C.O.G.I.C ?

Réponse : 1
Centre Opérationnel de Geste Interministérielles des Crises.

182 Que signifie l'acronyme ORSEC ?

Réponse : 2
Le dispositif ORSEC signifiant Organisation de la Réponse de la Sécurité Civile est un processus d'organisation des secours à l'échelon départemental en cas de catastrophe.
Il permet la mise en oeuvre rapide et efficace de tous les moyens nécessaires sous l'autorité du Préfet.

183 Que signifie l'acronyme SINUS ?

Réponse : 2
Système d'Information Numérique Standardisé : Le système sinus permet le suivi des victimes dans le cadre du plan ORSEC

184 De combien de membres est constitué le conseil d'administration d'un SDIS ?

Réponse : 1
Chaque SDIS est administré par un conseil d'administration qui comprend entre 15 et 30 membres et est constitué de représentants :
- Du département,
- Des communes,
- Des établissements publics de coopération intercommunale compétents en matière de secours et de lutte contre l'incendie.

185 De quoi est garant le président du CASDIS ?

Réponse : 2 et 3
- ➢ Le président du Conseil d'Administration du Service Départemental d'Incendie et de Secours est garant de la bonne administration du SDIS.
- ➢ Il prépare et exécute les délibérations du CASDIS.
- ➢ Il passe ainsi les marchés au nom de l'établissement, reçoit en son nom les dons, legs et subventions.
- ➢ Il représente l'établissement en justice et en est l'ordonnateur.

186 Quelles sont les missions propres du SDIS ?

Réponse : 1 et 2
- ➢ Les missions du sdis sont definies dans l'article L 1424-2 du CGCT provenant de la loi du 3 mai 1996
- ➢ **Missions propres :**
    - o La prévention
    - o La protection
    - o La lutte contre les incendies

187 Le classement des SDIS se compose :

Réponse : 1
- ➢ Catégorie A (Sdis de plus de 900000 Habitants)
- ➢ Catégorie B (Sdis entre 400000 et 900000 habitants)
- ➢ Catégorie C (Sdis de moins de 400000 habitants)

188 Que signifie l'acronyme CNSIS ?

Réponse : 3
La loi Mosc à crée dans son article 44 la Conférence Nationale des Services d'incendie et de Secours. La CNSIS est consulté sur les projets de lois ou actes règlementaire relatifs aux missions et au fonctionnement des services d'incendie et de secours

189 Que signifie l'acronyme CSFPT ?

Réponse : 1
Le Conseil Supérieur de la Fonction Publique Territoriale est une instance Paritaire nationale de la fonctin publique territoriale qui garantit le dialogue social sur le statut des fonctionnaires territoriaux, ou sur toute question relative à la fonction publique territoriale.

190 Quelle est la devise de l'ENSOSP ?

Réponse : 1
« Cultiver le passé, enfanter l'avenir, tel est notre présent »

191 Dans quels domaines d'aptitudes sont évalués les JSP ?

Réponse : 1, 2 et 3
Selon l'article 9 de l'arrêté du 8 Octobre 2015 relatif aux JSP, ils sont évalués sur 3 domaines :
- Le secours à personne
- La lutte contre les incendies
- La protection des biens et de l'environnement

192 Quel est le but des syndicats ?

Réponse : 3 et 4
Les syndicats sont des groupements professionnels formés pour la défense des intérêts de leurs adhérents et de la profession.

193 Quel est l'objectif du Règlement Intérieur ?

Réponse : 2
Le Règlement Intérieur a pour objet de rappeler les garanties et obligations des agents du SDIS ainsi que de fixer les modalités de service, sans préjudice des dispositions législatives et règlementaires en vigueur.
Réf : Article CGCT R 1424-22

194 Quel est l'objectif du Règlement Opérationnel ?

Réponse : 1, 2, 3 et 4
Il prend en considération le SDACR et les dispositions des GNR, GDO, GTO, réferentiels et NIT.Il Fixe les consignes opérationnelles relatives aux différentes missions des SDIS et détermine l'effectif minimum et les matériels nécessaires.
Il fixe les conditions relatives au commandement des opération de secours et détermine le délai de départ.
Réf : Article CGCT R 1424-52

195 Que trouve-t-on dans les juridictions judiciaires ?

Réponse : 3 et 4
- Les tribunaux d'Instance
- Les tribunaux de Grande Instance
- Les juridictions spécialisées (prud'hommes, tribunaux de commerce…)

196 Que trouve-t-on dans les juridictions pénales ?

Réponse : 1, 2 et 3
- Les tribunaux de police
- Les tribunaux Correctionnels
- Les cours d'Assises

197 Qu'est-ce que la discrétion professionnelle ?

Réponse : 2
Un agent public ne doit pas divulguer des informations relatives au fonctionnement de son administration.

198 Qu'est-ce que le devoir de réserve ?

Réponse : 1
Tout agent public doit faire preuve de réserve et de mesure dans l'expression écrite et orale de ses opinions personnelles. L'obligation de réserve s'applique pendant et hors du temps de travail.

199 Qu'est-ce que le secret professionnel ?

Réponse : 3
- Un agent public ne doit pas divulguer les informations personnelles dont il a connaissance. Cette obligation s'applique aux informations relatives à la santé, aux comportements, à la situation familiale d'une personne.
- Cependant, le secret professionnel peut être levé sur autorisation de la personne concernée par l'information.
- La levée du secret professionnel est obligatoire pour assurer la protection des personnes, la préservation de santé publique et la préservation de l'ordre public.

200 Quelle est la loi qui définit les droits et obligations des fonctionnaires ?

Réponse : 1
- La loi du 13 juillet 1983 dite « loi le Pors » relative aux droits et obligations des fonctionnaires.
  - **En matière d'obligations** : obéissance hiérarchique, devoir de servir, neutralité dans l'exercice de ses fonctions, obligation de réserve, de discrétion professionnelle et de secret professionnel, interdiction de cumuler des emplois.
  - **En matière de droits** : La liberté d'opinion, la liberté d'expression, le droit de grève, le droit de se syndiquer, le droit à la formation, le droit à la protection.

201 Lors du port de l'ARI qu'appelle-t-on « l'espace mort » ?

Réponse : 3
L'espace mort est le volume d'air contenu dans les voies aériennes entre les cavités nasales et la jonction entre les bronchioles et alvéoles
Il est d'environ 150ml chez l'adulte. L'air contenu dans l'espace mort ne participe pas aux échanges alvéolo-capillaires
Réf : p 24 GTO engagement en milieu vicié

202 La préservation des traces et indices fait-elle partie de la MGO ?

Réponse : 1
Oui ; La MGO se compose de 11 étapes :
- Reconnaissances
- Placement des engins
- Sauvetage et mise en sécurité
- Attaque
- Etablissements
- Ventilation
- Protection
- Surveillance
- Déblai
- Remise en condition des hommes et matériel
- Préservation des traces et indices

203 **Les débits moyens de consommation du porteur ARI sont :**

Réponse : 1
Les débits de consommation du porteur ont été identifiés pour les différentes activités8. Ils varient entre 10 l/min au repos à 135 l/min pour un travail très intense. **Réf : p 24 GTO engagement en milieu vicié**

204 **Quel est le débit à prendre en compte pour la consommation haute d'un**

porteur ARI ?

Réponse : 2
Il convient, pour simplifier, de considérer que la consommation « haute » d'un porteur d'ARICO lors d'un incendie est d'environ 100 l/min (effort intense).
Réf : p 14 GTO engagement en milieu vicié

205 Quel est le moyen mnémotechnique qui désigne un ensemble d'actions à adopter dans l'attente des secours d'un binôme sous ARI ?

Réponse : 3 Réf : p 64 GTO engagement en milieu vicié
AAALEERTER :
- Air Alerte
- Alarme
- Eclairer
- Economiser l'air
- Rester au sol
- Taper
- Explorer
- Remonter ma cagoule

206 Qu'appelle-t-on combustible dans le triangle du feu ?

Réponse : 1, 2 et 3
Le combustible ou réactif réducteur peut-être :
- Un gaz (butane-propane etc...)
- Un liquide (Essence-Gasoil etc...)
- Un solide (Bois- Papier- textile etc...)

207 Comment agit un extincteur poudre sur un feu ?

Réponse : 2 et 3
Suivant le modèle de Poudre (BC ou ABC) il aura la propriété d'absorber la chaleur en empêchant le feu de se déplacer ou bien d'étouffer le feu en formant une couche étanche sur le dessus.

208 Combien représente 2 cm sur une carte à l'échelle 1/50 000 ? Donner la distance en mètre.

Réponse : 2
1000 mètres

209 Que signifie l'acronyme C.N.F.P.T ?

Réponse : 2

210 Quel est l'indicatif radio du directeur départemental du SDIS ?

Réponse : 2
Lancelot + numéro du département

211 Quel est l'indicatif radio du chef de centre ?

Réponse : 3
Merlin + nom du centre

212 Quel est l'indicatif radio du préfet de département ?

Réponse : 1
Aramis + chef lieu de département

213 Que signifie l'acronyme D.E.C.I

Réponse : 1
Défense Extérieure contre l'incendie

214 Que signifie l'acronyme R.I.A

Réponse : 1
C'est un Robinet d'incendie armé. Les RIA sont des équipements de premiers secours alimentés en eau qui permettent une première intervention d'urgence.
A la différence d'un extincteur il est alimenté en permanence par une source en eau et est prêt à l'emploie.

215 Quelle est la loi dite de « départementalisation » ?

Réponse : 3
La loi du 3 mai 1996

216 Que signifie l'abréviation SF dans le cadre de la prévention contre les incendies ?

Réponse : 2
Stable au feu

217 Que signifie l'abréviation CF dans le cadre de la prévention contre les incendies ?

Réponse : 1
Coupe-feu

218 Parmis les propositions ci-dessous quels sont les outils de déblai ?

Réponse : 1, 2 et 4
- La pelle
- La gaffe
- La Pioche
- La fourche plate
- La scie
- La hache
- La fourche recourbée

219 Quel est le principe de la constitution française ?

Réponse : 4
Art 2 de la constitution de 1958
La langue de la république est le français ; L'emblème national est le drapeau tricolore, bleu, blanc, rouge ; L'hymne national est « La Marseillaise ». La devise de la République est « Liberté, Égalité, Fraternité ». Son principe est : gouvernement du peuple, par le peuple et pour le peuple.

220 Les sanctions disciplinaires applicables au fonctionnaire titulaire sont classées :

Réponse : 3
1^{ier} **groupe** : Avertissement, blâme, exclusion temporaire (3 jours max)
2ème **groupe** : abaissement d'échelon, exclusion temporaire (4 jours à 15 jours max)
3ème **groupe** : la rétrogradation, l'exclusion temporaire (16 jours à 2 ans max)
4ème **groupe** : la mise à la retraite d'office, la révocation

221 Combien de sanctions relèvent du premier groupe ?

Réponse : 3
Art 89 loi n°84-53 du 26 janvier 1984
- 3 sanctions disciplinaires :
  - L'avertissement (non inscrit au dossier)
  - Le blâme
  - L'exclusion temporaire pour une durée maximale de 3 jours

222 Qui peut prononcer la résiliation d'engagement d'un sapeur-pompier volontaire ?

Réponse : 2
Après avis du conseil de discipline compétent le président du CASDIS

223   Que signifie l'acronyme A.P.C dans le cadre de la formation ?

Réponse : 1
L'approche par compétence est une notion qui s'est développée au début des années 1990 et qui vise à construire l'enseignement sur la base de savoir-faire, évalués dans le cadre de la réalisation d'un ensemble de tâches complexes. L'enseignement devient alors apprentissage.

224   Que signifie l'acronyme ANTARES

Réponse : 2
Adaptation Nationale des Transmissions aux Risques et aux Secours
Le programme ANTARES est issu de la loi MOSC et du décret du 3 février 2003 (réseaux de communications)

225   Quel est le taux de la nouvelle revalorisation de la prime de feu ?

Réponse : 3
Décret n° 2020-903 du 24 juillet 2020 portant revalorisation de l'indemnité de feu allouée aux sapeurs-pompiers professionnels le taux de 19 % est remplacé par le taux de 25 %

226   Combien compte de filières la fonction publique territoriale ?

Réponse : 4
8 filières :
- Administrative
- Animation
- Culturelle
- Medico-sociale
- Police municipale
- Sapeurs-pompiers
- Sportive et technique

227   Que signifie l'acronyme CHSCT ?

Réponse : 2
Comité Hygiène de Sécurité et des Conditions de Travail
Il émet un avis sur les règlements et consignes en matière d'hygiène et sécurité

228   Que signifie l'acronyme CATSIS ?

Réponse : 1

Commission Administrative et Technique des Services d'Incendie et de Secours
La CATSIS est crée par la loi du 3 mai 1996 et modifiée par la loi MOSC
Cette commission est consultée sur les questions techniques et opérationnels interessant les SDIS sous réserve des compétences du CT, CAT et CHSCT

229 Quelles sont les positions d'un fonctionnaire ?

Réponse : 3 et 4
- **En activité :** le fonctionnaire exerce un emploi ; En détachement : Le fonctionnaire est placé hors de son cadre d'emplois mais continue de bénéficier de ses droits à l'avancement et à la retraite
- **En disponibilité :** Le fonctionnaire est placé hors de son administration et cesse de bénéficier de ses droits à l'avancement et à la retraite
- **En congé parental :** Le fonctionnaire cesse de travailler pour élever son enfant pendant 3 ans maximum

Loi de déontologie du 20 avril 2016 à redéfinit en 4 positions statutaires les fonctionnaires

230 Que signifie l'acronyme NPFR ?

Réponse : 2

La Nouvelle Prestation de Fidélisation et de Reconnaissance garantit aux SPV une rente après avoir accompli 20 ans de service

231 Quels sont les documents obligatoires que doit détenir un SDIS ?

Réponse : 1, 2, 3 et 4
Le CGCT prévoit 5 documents obligatoires dans chaque SDIS :
- Le règlement intérieur
- Le règlement opérationnel
- Le classement des CIS
- Le SDACR
- L'organisation du corps départemental.

232 Un centre de secours doit assurer simultanément ?

Réponse : 2

1 départ pour incendie +1 départ VSAV ou un autre départ
Réf : Art CGCT R 1424-39

233 Quels sont les principes fondamentaux du service public ?

Réponse : 2, 3 et 4
- **Le principe de continuité :** le service doit fonctionner de manière perenne et non par à coups ou de manière interrompu
- **Le principe d'adaptabilité :** Le service public doit évoluer en fonction des exigences et des changements de besoins collectifs
- **Le principe d'égalité :** Egalité par rapport aux avantages et obligations concernant les usagers

234 Que précise l'arrêt MATZAK ?

Réponse : 2
L'arrêt est rendu par la cour de justice Européenne le 21 février 2018
Elle assimile les SPV à des travailleurs au sens de la directive européenne du 4 novembre 2003

235 Quel est le contraire du mot « Altruiste » ?

Réponse : 2
Egoisme : Agir pour son propre intérêt sans se soucier des autres
Altruisme : disposition bienveillante à l'égard des autres

236 Dès qu'une personne est recrutée sapeur-pompier professionnel elle réalise ?

Réponse : 3
Une formation d'intégration
Réf : Arrêté du 22 août 2019 relatif à la formation des SPP & SPV

237 Quel est le volume hebdomadaire maximun de travail d'un sapeur-pompier professionnel ?

Réponse : 2
Limite de 48 h hebdomadaire (décret du 4 novembre 2003)
1 plafond semestriel de 1128h et annuel de 2256h

238 Combien existe-t-il de niveaux VIGIPIRATE ?

Réponse : 2
- **1ier niveau :** Niveau de vigilance
- **2ème niveau :** Niveau de sécurité renforcée -risque attentat
- **3ème niveau :** Niveau urgence attentat

239   Quel est le point d'origine de la gratuité des secours des SDIS ?

Réponse : 1
Le principe de gratuité des SDIS à pour origine l'ordonnance Royale du 11 mars 1733
Le principe de gratuité des secours en France concerne l'ensemble des missions obligatoires par les SDIS tels que definies par l'article L 1424-2 du CGCT. Il est renforcé par la loi MOSC

240   La direction d'un SDIS comprend obligatoirement :

Réponse : 1, 2, 3 et 4
- Le directeur départemental, le directeur départemental adjoint
- Le ou les chefs de groupement, le responsable des affaires administratives et financières
- Le medecin chef du SSSM, un SPV référent du volontariat (depuis 2016)

241   Qui recrute le DDSIS ?

Réponse : 3
Décret du 30 décembre 2016
Le DDA et DDSIS sont recrutés par arrêté conjoint du ministre de l'intérieur et du PCASDIS

242   Que signifie l'acronyme DGSCGC ?

Réponse : 3
Direction Générale de la Sécurité Civile et de la Gestion des Crises
La DGSCGC a été créé par le decret du 23 août 2011

243   Dans le GDO « toxicité des fumées » quel est le principe des nano particules HAP ?

Réponse : 2, 3 et 4
HAP : Hydrocarbure Aromatique Polyciclique
- Etre absorbé par la peau les yeux etc…
- Elles peuvent Adsorber (capacité à capter des molécules toxiques)
- Elles Désorbent ces molécules par la suite (en rentrant à la caserne par ex)

244   Quel est l'objectif d'un Guide de Doctrine Opérationnelle ?

Réponse : 1

Les GDO ont pour objectif de permettre au COS de construire un raisonnement tactique.

245 Quel est l'objectif d'un Guide de techniques Opérationnelles ?

Réponse : 4
Les GTO ont pour objectif de mettre à disposition de SIS l'ensemble des méthodes et techniques opérationnelles utiles à l'atteinte des objectifs du COS

246 Quelle est la caractéristique d'un poteau incendie de 100 ?

Réponse : 1, 3 et 4
Débit de 60m3/h ou 17l/s ou 1000l/min
Une sortie de 100mm et 2 sorties de 65mm
13 tours pour l'ouvrir complètement
Réf : Référentiel DECI 15 décembre 2015

247 Combien existe-il de types de jets à la lance ?

Réponse : 2
- ➢ Jet droit
- ➢ Jet brisé
- ➢ Jet diffusé d'attaque
- ➢ Jet diffusé de protection
- ➢ Jet purge

Réf : p 82 GTO établissements et techniques d'extinction

248 Le penciling consiste :

Réponse : 2
A déposer en grosse goutte sur une surface relativement petite
Jet droit lance partiellement ouverte et en impulsion
Réf : p 82 GTO établissements et techniques d'extinction

249 Le painting consiste :

Réponse : 1
Déposer de l'eau sur une surface large sans destratifier le plafond de fumée
Réf : p 89 GTO établissements et techniques d'extinction

250 Lors d'une extinction indirecte quel est l'angle du jet ?

Réponse : 1

L'application se fera à partir d'un jet diffusé de 20 à 30° env. sur la base d'un de bit mode re (entre 100 et 300 L/min).
Réf : p 93 GTO établissements et techniques d'extinction

251   Quel type de Jet doit-on utiliser lors d'une attaque d'atténuation ?

Réponse : 1

La lance doit être réglée en jet droit de façon à ne pas perturber l'aéraulique de la pièce. Le flux d'eau doit être projeté à travers une ouverture en visant le plafond.
Réf : p 105 GTO établissements et techniques d'extinction

252   Combien de techniques d'extinction existe-il ?

Réponse : 2

De ETEX-STR-TDE1 à ETEX-STR-TDE8…(ETEX-STR-TDE est en cours de réalisation)
Réf : p 81 GTO établissements et techniques d'extinction

253   Combien de procédures d'intervention gaz existe-il ?

Réponse : 2

DEUX : La procédure gaz renforcée et la procédure gaz classique
Réf : p 5 NIO intervention pour fuite sur un réseau de gaz naturel n°2013-328 du 11 avril 2013

254   Quel est la distance du périmètre de sécurité à priori, (de la zone d'exclusion) à mettre en place sur une fuite de gaz ?

Réponse : 2

Un périmètre de sécurité d'un rayon d'environ 50 m est déterminé et délimité par les sapeurs-pompiers autour de la fuite ou de la zone à risque d'explosion
Réf : p 8 NIO intervention pour fuite sur un réseau de gaz naturel n°2013-328 du 11 avril 2013

255   Que signifie l'acronyme GPL ?

Réponse : 1

Gaz de pétrole liquéfié
Réf : p 17 GDO Interventions en présence de bouteilles de gaz soumises à un incendie ou à un choc

256   A partir de quelle température le risque d'éclatement peut intervenir sur

une bouteille de gaz ?

Réponse : 1
Le risque d'éclatement des bouteilles apparaît dès que la température est de l'ordre de 350°C
Réf : p 23 Interventions en présence de bouteilles de gaz soumises à un incendie ou à un choc

257   De quelle couleur est l'ogive d'une bouteille d'acétylène ?

Réponse : 1
Ogive de bouteille de couleur marron et étiquette
Réf : p 28 Interventions en présence de bouteilles de gaz soumises à un incendie ou à un choc

258   Devant une victime qui présente une intoxication aux opiacés avec une fréquence respiratoire inférieure à 12/min et perte de connaissance il faut :

Réponse : 1, 2 et 4
- Pratiquer les gestes de réanimation nécessaires
- Si de la naloxone administrable par voie intra-nasale est disponible, administrer une pulvérisation de naloxone dans chaque narine chez toute victime qui a perdu connaissance et dont la FR < 12 /min
- Retirer les patchs de médicament éventuels   P28 Recommandations PSE 2019

259   L'échelle verbale simple permettant d'évaluer l'intensité de la douleur d'un adulte est une note de :

Réponse : 1
Note de 0 pour nulle à 4 douleur insupportable
Réf : p 46 recommandations PSE 2019

260   L'electrode sur le côté gauche du thorax, est collé chez l'adulte :

Réponse : 3
5 à 10 cm au dessous de l'aisselle gauche
Réf : p 71 recommandations PSE 2019

7 QROC

Maintenant que vous avez pu vous exercer avec les QCM vous allez pouvoir vous lancer avec la rédaction des QROC. Faites des phrases simples avec « sujet-verbe-complément »

Le QROC permet vraiment de s'entrainer à réciter des définitions et ainsi de ne pas laisser la place à l'interprétation lorsque vous aurez le choix de plusieurs réponses lors de votre QCM ! Rien de tel pour mesurer vos connaissances !

Question 1	Que signifie l'acronyme D.S.M ?	Barème /1
Question 2	Quand parle-t-on d'une situation à multiple victimes ?	Barème /1
Question 3	Dans le cadre de la marche générale des opérations citez l'étape précédant et suivant celle du « sauvetage et mise en sécurité ».	Barème /1
Question 4	Donnez la définition d'un backdraft.	Barème /1
Question 5	Quelle est la date de la loi dite de « départementalisation des SDIS » ?	Barème /1

Question	Définissez le CCDSPV et donnez son rôle ?	Barème
6		/1

Question	Quel est l'arrêté fixant le référentiel national de la défense extérieur contre l'incendie ?	Barème
7		/1

Question	Décomposez en langage radio le mot REPUBLIQUE.	Barème
8		/1

Question	Sur la ligne guide de la ligne de vie, comment est repéré le sens de la sortie ?	Barème
9		/1

Question	Calculez l'autonomie (exprimée en minutes) de la bouteille d'oxygène ayant les caractéristiques suivantes : capacité : 6 litres, pression : 200 bars, et débit 15 litres par minute.	Barème
10		/1

Question 11	Quelles personnes composent le conseil d'administration d'un service départemental d'incendie et de secours ?	Barème /1

Question 12	A quoi sert la formule de loi de mariotte et donnez la formule.	Barème /1

Question 13	Donnez les dimensions d'un carré de manœuvre.	Barème /1

Question 14	Lors du port de l'ARI, quelles sont les contraintes subies par le porteur ?	Barème /1

Question 15	Quelle est la conduite à tenir face à une victime qui a perdu connaissance, respire et n'est pas suspecte d'un traumatisme ?	Barème /1

| Question 16 | Epelez la plaque d'immatriculation suivante « QJX 2401 HZG » en alphabet phonétique. | Barème /1 |

| Question 17 | Quelles sont les principales missions du contrôleur avant l'engagement des binômes équipés d'ARI ? | Barème /1 |

| Question 18 | Quel est le principe d'action d'un extincteur à CO2 ? | Barème /1 |

| Question 19 | En matière de mode d'extinction, quelle est la définition de la dispersion ? | Barème /1 |

| Question 20 | Combien et quels types de départs doivent assurer simultanément les centres de secours principaux ? | Barème /1 |

Question 21	Que signifie la lettre « X » devant le « code de danger » ?	Barème /1

Question 22	Donnez la définition de la convection.	Barème /1

Question 23	De quelle classe de feux font partie les hydrocarbures ?	Barème /1

Question 24	Qu'est-ce que le rayonnement ?	Barème /1

Question 25	Quel est le rôle principal du Centre Opérationnel Départemental d'Incendie et de Secours ?	Barème /1

Question	Comment distingue-t-on au premier regard les guêpes des abeilles ?	Barème
26		/1

Question	Donnez les caractéristiques de la liaison personnelle.	Barème
27		/1

Question	Quelle est la définition du taux d'application ?	Barème
28		/1

Question	Quels sont les 3 états de la matière ?	Barème
29		/1

Question	Quelles sont les caractéristiques et la composition du lot de sauvetage qui arme les échelles ?	Barème
30		/1

| Question 31 | Que représentent les courbes de niveaux sur une carte ? | Barème /1 |

| Question 32 | Enumérez les différents bilans. | Barème /1 |

| Question 33 | Epelez en alphabet phonétique l'indicatif radio du Préfet ? | Barème /1 |

| Question 34 | Citez 5 éléments de la protection individuelle. | Barème /1 |

| Question 35 | Quelles sont les missions du C.T.A. ? | Barème /1 |

Question	Définissez le nord magnétique.	Barème
36		/1

Question	Que signifie l'acronyme S.S.S.M ?	Barème
37		/1

Question	Quel est la masse maximum d'une échelle à coulisse grand modèle ?	Barème
38		/1

Question	Quel est le volume minimum d'oxygène (en litre) qui doit être disponible dans une VSAV normalisée ?	Barème
39		/1

Question	Quelle est la couleur des poteaux incendie sur canalisation d'eau surpressée ?	Barème
40		/1

8 QROC CORRIGÉS

Vous pouvez retrouver ici les corrections détaillées du QROC. Nous avons essayé de vous aider en vous mettant les références des GDO, GTO et recommandations PSE pour vous faire gagner du temps dans la recherche des réponses.

Question	Que signifie l'acronyme D.S.M ?	Barème
1		/1

- Cet acronyme signifie Directeur des Secours Médicaux

Question	Quand parle-t-on d'une situation à multiple victimes ?	Barème
2		/1

- La Situation à Multiples Victimes (SMV) se définit comme un accident ou une situation avec un nombre de victimes plus élevé que celui que peut prendre en charge la première équipe de secours sur place.

Question	Dans le cadre de la marche générale des opérations citez l'étape précédant et suivant celle du « sauvetage et mise en sécurité ».	Barème
3		/1

- Précédent : Placement des engins
- Suivant : Attaque

Réf GDO incendies de structures p 68

Question	Donnez la définition d'un backdraft.	Barème
4		/1

Dans un volume clos, fumées accumulées sous pression explosant lors d'un apport d'air.

Question	Quelle est la date de la loi dite de « départementalisation des SDIS » ?	Barème
5		/1

La départementalisation a été rendue obligatoire par la loi du 3 mai 1996.

Question	Définissez le CCDSPV et donnez son rôle ?	Barème
6		/1

C'est le Comité Consultatif Départemental des Sapeurs-Pompiers Volontaires.

Il a pour rôle d'émettre un avis sur toutes les questions relatives aux sapeurs-pompiers volontaires, à l'exclusion de la discipline : Engagement et réengagement, Promotion de grade jusqu'au grade de capitaine, Promotion de grade des infirmiers de SPV, Honorariat, Les recours contre les décisions de refus de renouvellement d'engagement, Le règlement intérieur du corps départemental pour toutes les dispositions applicables aux sapeurs-pompiers volontaires, Le schéma départemental d'analyse et de couverture des risques (S.D.A.C.R), La reconnaissance et la validation de certaines formations.

Question	Quel est l'arrêté fixant le référentiel national de la défense extérieur contre l'incendie ?	Barème
7		/1

Annexe de l'arrêté NOR : INTE1522200A du 15 décembre 2015 fixant le référentiel national de la défense extérieure contre l'incendie.

P2 du référentiel national de la défense extérieure contre l'incendie.

Question	Décomposez en langage radio le mot REPUBLIQUE.	Barème
8		/1

Cela s'épelle de la façon suivante :

- Romeo-Echo-Papa-Uniforme-Bravo-Lima-India-Québec-Uniforme-Echo.

Question	Sur la ligne guide de la ligne de vie, comment est repéré le sens de la sortie ?	Barème
9		/1

La sortie est toujours du côté du nœud ou de l'olive isolée.

Question	Calculez l'autonomie (exprimée en minutes) de la bouteille d'oxygène ayant les caractéristiques suivantes : capacité : 6 litres, pression : 200 bars, et débit 15 litres par minute.	Barème
10		/1

Il faut appliquer la loi de Mariotte

- Soit 200 x 6/15 = 80 minutes soit 1h et 20 minutes

Question 11	Quelles personnes composent le conseil d'administration d'un service départemental d'incendie et de secours ?	Barème /1

Le conseil d'administration d'un service départemental d'incendie et de secours est composé de :

Des représentants des élus, Des sapeurs-pompiers avec voix consultatives (DDSIS – médecin chef du SSSM), Des sapeurs-pompiers professionnels et volontaires officiers et non officiers élus, Le préfet ou son représentant.

Question 12	A quoi sert la formule de loi de mariotte et donnez la formule.	Barème /1

C'est la formule qui permet de calculer l'autonomie d'un porteur d'ARI : FORMULE : $T = P \times V / Q$

- T est le délai d'intervention théorique sous ARI (en minutes)
- P est la pression de la bouteille relevée sur le manomètre haute pression avant l'engagement (en bars)
- V est le volume en litres d'eau de la bouteille
- Q est la consommation d'air du porteur relevée lors des entraînements (en litres/minute)

Question 13	Donnez les dimensions d'un carré de manœuvre.	Barème /1

Les dimensions d'un carré de manœuvre sont 30 mm x 30 mm x 40 mm.

Question 14	Lors du port de l'ARI, quelles sont les contraintes subies par le porteur ?	Barème /1

Les contraintes relatives au porteur sont : *(réf p23 GTO engagement en milieu vicié)*

Les facteurs physiques (modifie le centre de gravité, augmente le travail musculaire, participe à la baisse des performances, limite les capacités de déplacement), Les facteurs physiologiques (augmentation de l'espace mort, augmentation de la résistance respiratoire, augmentation de la FC), Les facteurs psychologiques (difficultés de concentration etc….), Les contraintes attribuables à l'équipement, Les contraintes liées à la réserve d'air

Question 15	Quelle est la conduite à tenir face à une victime qui a perdu connaissance, respire et n'est pas suspecte d'un traumatisme ?	Barème /1

Placer la victime en PLS et maintenir libre les voies aériennes - Poursuivre le bilan d'urgence vitale et le transmettre pour obtenir un avis médical - Réaliser une aspiration des sécrétions si nécessaire - Administrer de l'oxygène - Compléter le bilan - Réaliser les gestes de secours si nécessaire - Surveiller constamment la victime - Protéger la victime du froid ou de la chaleur

Réf p 24 des recommandations PSE 2019

Question	Epelez la plaque d'immatriculation suivante	Barème
16	« QJX 2401 HZG » en alphabet phonétique.	/1

- QJX : Quebec, Juliet, X-ray
- 2401 : Un & Un, Deux fois Deux, Zéro comme rien, Un tout seul
- HZG : Hôtel, Zoulou, Golf

Question	Quelles sont les principales missions du contrôleur	Barème
17	avant l'engagement des binômes équipés d'ARI ?	/1

Les principales missions du contrôleur sont :

- Enregistrement du personnel
- Vérification du matériel et du respect des règles de sécurité
- Calcul de l'heure de sortie

Question	Quel est le principe d'action d'un extincteur à CO2 ?	Barème
18		/1

Le dioxyde de carbone **CO2 est** un gaz qui a pour action d'étouffer les flammes en s'infiltrant partout. Il agit en soufflant d'un coup les flammes et en refroidissant instantanément le produit enflammé.

Question	En matière de mode d'extinction, quelle est la	Barème
19	définition de la dispersion ?	/1

Le mode d'extinction de dispersion agit de la manière suivante :

- Agit physiquement pour permettre de bouleverser la disposition des matériaux en feu, afin de diviser l'énergie produite
- Agit sur le COMBUSTIBLE et l'ÉNERGIE D'ACTIVATION

Question	Combien et quels types de départs doivent assurer	Barème
20	simultanément les centres de secours principaux ?	/1

Un départ incendie, deux départs secours à personnes et un autre départ.

Question	Que signifie la lettre « X » devant le « code de danger » ?	Barème
21		/1

Le « X » devant le code danger signifie : Attention ! Réaction violente à l'eau et aux mousses en présence de ce produit.

Question	Donnez la définition de la convection.	Barème
22		/1

C'est la propagation par le déplacement des gaz chauds.

Question	De quelle classe de feux font partie les hydrocarbures ?	Barème
23		/1

Les feux d'hydrocarbure font partie de la classe B.

Question	Qu'est-ce que le rayonnement ?	Barème
24		/1

C'est la transmission de chaleur à distance.

Question	Quel est le rôle principal du Centre Opérationnel Départemental d'Incendie et de Secours ?	Barème
25		/1

Il est chargé de la coordination de l'activité opérationnelle des services d'incendie et de secours du département.

Question	Comment distingue-t-on au premier regard les guêpes des abeilles ?	Barème
26		/1

Les critères sont :

- Critère de couleur : abdomen jaune et noir pour la guêpe et couleur plus foncée pour l'abeille,
- Critère de taille : abeilles plus petites que les guêpes,
- Critères de nidification : essaims pour les abeilles et nids pour les guêpes.

Question	Donnez les caractéristiques de la liaison personnelle.	Barème
27		/1

La ligne guide peut être utilisée : En version courte 1.25 m (équipier relié à la ligne guide) - Ou - En version longue 6 m (1.25 +4.75m chef d'équipe relié à son équipier).

Question	Quelle est la définition du taux d'application ?	Barème
28		/1

C'est le nombre de litres de solution moussante qu'il est nécessaire de projeter par minute et sur un mètre de surface carré (L/min/m2) pour éteindre un feu d'hydrocarbure.

Question	Quels sont les 3 états de la matière ?	Barème
29		/1

Les 3 états de la matière sont connus sous les noms de : Gazeux, Solide, Liquide.

Question	Quelles sont les caractéristiques et la composition du lot de sauvetage qui arme les échelles ?	Barème
30		/1

Le LSPCC échelle se compose de :

-1 sac transport bleu, 2 harnais, 1 corde de 60 mètres et de diamètre 12 à 13 mm, 6 sangles anneaux 80 cm bleus, 3 sangles anneaux 150 cm rouges, 9 mousquetons, 1 mousqueton anti-panique, 1 descendeur de type HUIT, 1 poulie fixe.

Question	Que représentent les courbes de niveaux sur une carte ?	Barème
31		/1

C'est une représentation du relief du terrain en reliant tous les points de même altitude. Pour donner une image représentative, ces courbes sont espacées de façon régulière. On appelle ça l'équidistance.

Question	Enumérez les différents bilans.	Barème
32		/1

Il existe 4 bilans : -Le bilan circonstanciel, -Le bilan d'urgence vitale, -Le bilan complémentaire, -Le bilan de surveillance.

Question	Epelez en alphabet phonétique l'indicatif radio du Préfet ?	Barème
33		/1

L'indicatif du préfet est ARAMIS et cela s'épelle en alphabet phonétique : Alpha, Romeo, Alpha, Mike, India, Sierra.

Question	Citez 5 éléments de la protection individuelle.	Barème
34		/1

Les éléments de la protection individuelle peuvent être : Le casque, La cagoule, La veste de feu, La tenue F1, L'ARI, Les gants, Le sur pantalon, Les chaussures d'intervention, La chasuble.

Question	Quelles sont les missions du C.T.A. ?	Barème
35		/1

Les missions du CTA sont : Recueil des demandes de secours, Déclenchement des secours disponibles les plus proches, Information du CODIS.

Question	Définissez le nord magnétique.	Barème
36		/1

C'est la direction indiquée par la pointe aimantée de la boussole.

Question	Que signifie l'acronyme S.S.S.M ?	Barème
37		/1

Cet acronyme signifie : Service de Santé et de Secours Médical.

Question	Quel est la masse maximum d'une échelle à coulisse grand modèle ?	Barème
38		/1

Sa masse maximum est de 45 kg

Réf NIT n°331 échelles portables à l'usage des services d'incendie et de secours

Question	Quel est le volume minimum d'oxygène (en litre) qui doit être disponible dans une VSAV normalisée ?	Barème
39		/1

Un volume minimum de 4000 litres d'oxygène dont au minimum 2000 litres en bouteilles portatives d'au moins 5 litres doit être disponible.

Réf NIT n°330 VEHICULE DE SECOURS ET D'ASSISTANCE AUX VICTIMES paragraphe 2.4.1

Question	Quelle est la couleur des poteaux incendie sur canalisation d'eau surpressée ?	Barème
40		/1

Les PI branchés sur des réseaux d'eau sur-pressés (surpression permanente ou surpression au moment de l'utilisation) et/ou additives sont de couleur jaune sur au moins 50 % de leur surface.

Réf p 26 du GTO établissements-techniques-extinction

9 CENT QUESTIONS POUR L'ORAL

Préparez votre ORAL du concours de sapeur-pompier EFFICACEMENT !

Retrouvez ici 100 questions fréquemments posées lors des entretiens. Vous pouvez commencer à vous préparer des élèments de réponses pour être prêt le jour J.

Chaque entretien est différent et le jury cherche à déceler chez les candidats leur capacité au raissonnement. Le jury va tester au travers de certaines questions votre capacité à mobiliser des connaissances avec des réponses courtes ou bien à voir votre capacité à raisonner avec des réponses plus élaborées.

1. Peut-on rire de tout ?
2. Que vous évoque les pouvoirs de police des maires ?
3. Les fonctionnaires sont-ils privilégiés ?
4. Peut-on revenir sur ses erreurs ?
5. Le téléphone portable constitue t-il un progrès ?
6. La justice est-elle juste ?
7. Que pensez-vous de l'euthanasie ?
8. Que pensez-vous des violences urbaines sur les sapeurs-pompiers ?
9. Emigration, problème ou richesse ?
10. Qu'elle est la place des handicapés dans notre société ?
11. Faut-il supprimer les grades chez les sapeurs-pompiers ?
12. Expliquer la place du CHSCT au sein d'un SDIS ?
13. Que pensez vous de la refonte de la filière chez les sapeurs-pompiers ?
14. Parlez nous de l'ONU et qu'elle est la signification du sigle ?
15. Faut-il réintroduire l'éducation civique à l'école ?
16. Associez-vous terrorisme et résistance ?
17. Que pensez-vous d'un sapeur-pompier professionel qui prend des gardes en tant volontaires ?
18. Qu'elle est la place des sapeurs-pompiers volontaire dans l'organisation des SDIS ?
19. Le SDACR est-il un outil pertinent pour un SDIS ?
20. Etre sapeur-pompier, métiers ou vocation selon vous ?
21. Le SDIS est-il un établissement public ?
22. Combien de région compte la France métropolitaine aujourd'hui ?
23. Parlez moi des besoins en eau ?
24. Comment voyez-vous votre carrière ?
25. La politique actuelle sur la sécurité routière permettra t-elle de changer les mentalités ?
26. Que pensez vous de la gratuité des secours en France ?
27. Le droit de gréve dans la fonction publique est-il une bonne chose ?
28. La liberté d'expression est-elle sans limite dans une démocratie ?
29. Quels sont les symboles de la république ?
30. D'où vient la marseillaise ?
31. Quel est le rôle du préfet ?
32. Que représente les couleurs du drapeau français ?
33. Citez les moyens aériens de la sécurité civile ?
34. Parlez nous de l'organisation d'un CTA-CODIS ?
35. Que pensez-vous de la problématique des « carences » entre SDIS et SAMU ?
36. Les SDIS souhaitent se féminiser. Quel est votre avis sur ce sujet ?
37. La bonne condition physique entre les SPP et SPV doit-elle être identique ?
38. Pensez-vous que le maire à toujours sa place dans l'organisation des secours ?
39. Pouvez vous expliquer précisément la différence entre le COS et le DOS ?
40. Quelle est la structure des budgets au sein d'un SDIS ?
41. Parlez nous de la nature des accords de Schengen et de sa localisation.
42. La pêche représente t-elle pour vous un sport ?
43. Que connaissez vous comme type d'association chez les sapeurs-pompiers ?

44. La recherche de performances physiques peut-elle être associée à la compétition ?
45. A-t-on le droit ou le devoir de dire : « Je ne sais pas » ?
46. Pensez-vous que l'absorption de produits permettant le développement de la condition physique est compatibles avec le métier de SP ?
47. Comment sont organisés les différents tribunaux français ?
48. Comment fonctionne la présidence de l'union européenne ?
49. Que pensez-vous du crossfit ?
50. Le plan ORSEC est-il utile aux citoyens ? Et que veut dire l'acronyme ORSEC ?
51. Que pensez-vous de l'implication de la population dans la chaîne de la sécurité civile ?
52. Dans votre esprit, les termes de bénévoles et volontaires sont-ils interchangeables ?
53. Quel est l'objectif de la réserve communale de sécurité civile ?
54. Jugez-vous que l'enseignement du secourisme à l'école soit utile ?
55. Le dérèglement climatique est-il un mythe ou la réalité ?
56. Quelles sont les mesures à prendre pour faire face au désastre écologique ?
57. Le devoir de mémoire vous paraît-il important ?
58. Faites-vous la différence entre du matériel chinois ou français ?
59. L'exercice du pouvoir est-il l'apanage du sexe fort ?
60. Pensez vous que le système carcéral français est efficace et le nombre de prisons suffisant ?
61. Faut-il accorder une justice plus souple avec les jeunes ?
62. Pensez-vous qu'il y aura un autre 11 septembre 2001 ?
63. Le sexisme est-il toujours d'actualité ?
64. Doit-on réguler ou interdire le trafic de drogue ?
65. Est ce que la discrimination positive est un bienfait pour la société ?
66. Que vous évoque la laïcité en France ?
67. Selon vous, la France est-elle prête face à la menace terrorisme ?
68. Doit-on donner le droit aux militaires de se syndiquer ?
69. La téléréalité est-elle un frein au développement des jeunes ?
70. La désertification rurale est-elle une fatalité par rapport à la concentration urbaine ?
71. Le fossé entre les pays riches et les pays pauvres se creuse-t-il ?
72. Pourquoi la culture générale est-elle nécessaire ?
73. Pensez-vous que la sécurité intérieure est compétente en France ?
74. Les citoyens sont-ils égaux face aux moyens de la sécurité civile ?
75. Faut-il supprimer les services publics dans les zones rurales ?
76. Pourquoi le rôle consultatif des sapeurs-pompiers n'est pas pouvoir décisionnaire pendant les CASDIS ?
77. Selon vous, la baisse d'autorité est-elle une caractéristique de la société actuelle ?
78. Que pensez vous des zones de non droit dans les banlieues ?
79. Qui doit former les citoyens aux missions de sécurité civile ?
80. L'organisation de la sécurité civile à un rôle à jouer sur le plan européen, dans quels buts ?

81. En tant qu'EAP, quelles mesures proposeriez-vous pour pérenniser les acquis physiques de vos collègues à la garde ?
82. A quoi consiste le plan canicule ? Et peut-il est etre amélioré ?
83. Pouvez-vous nous parler du GRIMP et du PGHM ?
84. Définissez nous l'emploi d'un équipier ?
85. Expliquez nous l'élection du Maire ?
86. Que veut dire SDACR ?
87. Qu'est ce que le droit de réserve ?
88. Les sapeurs-pompiers ont ils le droit de retrait ?
89. Quel est pour vous le rôle d'un officier ?
90. Est-ce que pour vous le sport est une valeur essentielle ?
91. Qui est le DOS en opération ?
92. Pourquoi passez-vous ce concours ?
93. Quels sont vos loisirs ?
94. Quel est le dernier livre que vous avez lu ?
95. Pourquoi vous choisir et pas un autre ?
96. Comment vous voyez vous en fin de carrière ?
97. Quelles sont vos qualités ?
98. Quels sont vos défauts ?
99. Est-ce que la peur est compatible avec le métier de sapeur-pompier ?
100. Pourquoi ne pas avoir passé ce concours plus tôt ?

Questions BONUS

1. Pensez-vous que les dispositions de protection des agents contre le COVID dans votre SDIS étaient suffisantes ?
2. Combien d'interventions COVID votre SDIS a-t-il effectué ?
3. Que pensez-vous de la politique du confinement établie par le gouvernement ?
4. Pensez-vous que les masques sont-ils suffisants pour se protéger du COVID ?
5. Que signifie COVID ?
6. Pourquoi dit-on « La COVID 19 »
7. Que pensez-vous des caméras-piétons pour dissuader les agresseurs ?
8. Que faites-vous si une équipière se fait agresser violemment devant vous en intervention ?
9. Qu'est-ce qu'un bon chef pour vous ?
10. Que pensez-vous de cet entretien ?

10 LES CONSEILS DU COACH

14 conseils du coach sportif pour vous préparer aux épreuves sportives du concours SPP avec un programme sur un mois !

Prêt pour s'entrainer ?

1. Recadrez votre alimentation

Il est important de recadrer son alimentation. Vous allez passer un concours qui demande des qualités physiques essentielles ! Dans un premier temps cela vous permettra de vous sentir en bonne santé. Dans un deuxième temps de vous rapprocher un peu plus de votre objectif qui est de réussir vos épreuves sportives.

Stopper les sucreries, l'alcool, les plats tout préparer, les plats en sauce etc… Eviter de vous gaver de pain. Arrêter les sodas et autres boissons trop sucrées ou énergisantes.

Il va falloir structurer vos repas, ainsi que votre assiette. La journée classique est petit déjeuner, déjeuner et diner, avec possibilité de prendre une collation le matin et l'après-midi, l'idée étant de répartir les apports de la journée afin de ne pas stocker de mauvaises graisses dans votre organisme. Et pour votre assiette il va falloir varier les aliments en mêlant des sources de protéines différentes, en mangeant des légumes et des fruits frais, en privilégiant des farines complexes pour vos féculent et vos de pain.

Vous l'avez compris il faut, pour se préparer à une épreuve sportive, commencer par nettoyer son organisme et commencer les bons réflexes de l'assiette !

2. L'eau, votre meilleur allié

Pour faire le lien avec l'alimentation du sportif, l'eau est votre meilleure alliée ! Comment s'en passer ? Elle qui représente 70% du corps humain ! Alors il va falloir boire ! beaucoup ! 3Litres par jour est un minimum au vu de votre préparation. Il faut boire toute la journée et non pas 1L en une fois. L'idée est d'hydrater son corps afin de pouvoir éliminer nos déchets, drainer notre corps, et ainsi avoir un très bon répondant musculaire.

Vous aviez déjà votre bouteille avec vous ? Parfait !

PS : si l'eau ne vous attire pas, que vous pensez ne pas pouvoir boire suffisamment, dites-vous que boire du thé ou des tisanes, qu'allez chercher des aliments riches en eau comme les fruits et les légumes vont favoriser votre apport hydrique journalier ! Tiens encore les fruits et les légumes ? Vous avez compris ! Mangez équilibré et buvez malin !

3. Arrêtez de fumer

Je ne crois pas vous apprendre grand-chose en vous disant que le tabac c'est tabou on en viendra tous à bout ! Malgré tout il est important de vous rappeler que fumer va avoir un impact direct sur vos capacités pulmonaires. Sans rentrer dans les détails, si vous vous créez une gêne pour respirer, c'est moins d'oxygène qui va rentrer dans votre corps, par conséquent vous serez beaucoup moins performant. Sans parler de tous les bienfaits pour votre santé, c'est des paliers supplémentaires au Luc léger, des secondes gagnés à la natation et vos chances de réussir vos épreuves sportives multipliées ! Prenez la bonne décision, seuls les meilleurs iront à l'oral du concours !

4. Optez pour une tenue adaptée à vos besoins

Je suis conscient que le budget sport peut parfois être exorbitant, je ne vous dis pas d'acheter les dernières Nike à 200 euros ou la dernière Garmin à 700 euros, mais seulement de réfléchir à la discipline pratiquée et si votre tenue est adaptée. De bonnes chaussures pour courir sont primordiales afin de soulager les maux de dos et ainsi éviter certaines blessures. Il existe des magasins où les vendeurs sont compétents et vous guident vers des baskets adaptées. Sans rentrer dans le stéréotype du sportif ultra équipé, je vous invite seulement à bien vous équiper, ce qui vous protégera.

5. Commencez dès maintenant

Pourquoi toujours repousser le début de son entrainement ? Pourquoi revoir à la longue l'échéance de ses objectifs ? Pour vous pas d'excuse ! Votre échéance est la date de l'épreuve sportive. Donc plus tôt vous commencerez à vous entraîner, plus vous augmenterez vos chances de réussite ! Trouvez votre motivation et pensez à ce que vous serez le jour où vous aurez réussi, l'envie de vous entraîner viendra naturellement.

6. Votre sommeil est-il efficace ?

Je ne vais pas rentrer dans une étude sur le sommeil mais il est important de faire un point dessus. Il est primordial de dormir vous êtes d'accord ? Mais dormez-vous efficacement. Pour commencer il faut un sommeil régulier, c'est-à-dire se coucher à des heures fixes et se lever à des heures fixes. Vous allez me dire, « super je me lève à midi tous les jours » mauvaise réponse ! Il est important de respecter son horloge interne, donc un réveil tôt le matin sera une base, ensuite pour le soir se coucher à des heures raisonnables. L'idée est de ne pas veiller des heures devant les écrans et de faire des grâces matinée. Au final vous perdrez motivation et hygiène de vie… (Par exemple, couché 23h30 et levé 7h, 7h30 de sommeil, c'est plus que nécessaire). Bien dormir vous permettra de récupérer physiquement et mentalement.

7. Optez pour la positive attitude

C'est quoi ? Tout simplement arrêter de se plaindre, voir le bon côté des choses etc… Quel est le rapport vous allez me dire, et bien tout simplement se soulager l'esprit, avoir un mental apaisé et préparé pour une programmation et un objectif difficile ! Un esprit sain dans un corps sain, ce n'est pas une légende, si vous voyez le négatif, si vous trainez des pieds, vous irez droit dans le mur. L'échec n'est pas envisageable si vous voulez continuer vers l'oral du concours, alors souriez, détendez-vous et adoptez la positive attitude.

8. Nagez au moins une fois par semaine

L'épreuve de natation est très courte, et il va falloir s'y préparer longtemps pour gagner quelques secondes. Je vous conseille d'aller nager une fois par semaine minimum et faire des séances spécifiques à l'épreuve du 50m. Donc fréquentez une piscine possédant un tel bassin.

Le Luc léger est une épreuve particulière, vous trouverez sur internet les bandes sons de cette épreuve. Il va falloir faire du foncier mais également des séances spécifiques au Luc léger. L'idée est de courir deux fois semaine, avec une séance de foncier et une séance fractionnée. Attention l'épreuve du Luc Léger compte coefficient 2 au concours !

9. **Pensez à vous étirer**

Les étirements seront aussi la base de votre réussite au test de la souplesse. Il est important de s'entrainer à cette épreuve dans les conditions du concours. Afin de réussir au mieux cette épreuve, il est important de vous étirer toute la chaine postérieure (nuque, dos, bassin, jambes, mollets). La respiration prend également tout son sens pendant les étirements, donc expirez profondément pendant l'étirement et inspirez quand vous relâchez.
Faites à la fin de vos séances des étirements sans aller au seuil de douleur et d'une durée de 15 sec maximum.

10. **Gainage**

Il va falloir tenir, longtemps, 4 minutes. Cela va être difficile alors il va falloir s'entrainer à faire du gainage. Inclure cet exercice dans vos séances, afin de vous améliorer et habituer votre corps à ce mouvement. La respiration est primordiale, ne le faites pas en apnée. Vous êtes capable de la faire, il faut juste que vous vous le prouviez !
Afin de gagner en efficacité, mettre ses épaules sous les coudes, maintenez votre corps droit en contractant les fessiers et en rentrant le ventre. Pensez à respirer !

11. **Flexion**

Le test de la traction ! Il parait simple car une seule traction à réaliser, mais ensuite il faut rester au-dessus de la barre. C'est là que la spécificité de l'épreuve est difficile car ce mouvement est totalement différent que d'enchainer les tractions à la suite.

Privilégiez une prise supination, ne cherchez pas à rester au plus bas, au contraire, assurez-vous une marge de manœuvre, et surtout rapprochez votre corps de vos bras au maximum, afin de limiter les bras de levier et augmenter la résistance.
Votre ennemi sur cette épreuve, la gravité, donc votre poids ! Donc respirez bien et gainez-vous !

12. **Killy**

Vous sentez vos cuisses brûler ! Il va falloir tenir 4 minutes. Pour se faire il faut 'entrainer comme au gainage, en faisant du spécifique et en incluant le killy dans vos éances.

Respecter bien l'angle de 90 degrés, utilisez tous vos muscles et pas seulement les cuisses.

Mon petit conseil, afin d'optimiser l'effort, transférez votre poids vers différente partie de votre corps, à droite et à gauche, en haut du dos et bas du dos, dans les fessiers et dans les mollets par exemple.

Toujours pareil, respirez bien et pensez à quelque chose d'agréable. Petite astuce, lors de 'épreuves il y aura de l'interaction autour de vous, observez votre environnement afin d'oublier un peu la douleur due à l'effort.

13. Objectif dynamisme

Le dynamisme va être le moteur de votre motivation et de vos entrainements. Il faudra en faire usage dès le réveil !

Afin de continuer sur la lancée du vivre mieux pour aller plus loin, je vous conseille de privilégier des déplacements à pied plutôt qu'en voiture (surtout les petits trajets), fini les ascenseurs, maintenant c'est escalier ! Soyez joyeux, et appréciez vos efforts. Que pensez de quelqu'un qui traine les pieds ou encore qui a les mains dans les poches ? Vous l'avez compris, le dynamisme se travaille par nos habitudes et gestes du quotidien, à vous de jouer !

14. Respirez

La respiration est vitale, c'est une évidence, mais saviez-vous que nos muscles et notre cerveau sont des gros consommateurs d'oxygène ? En effet, afin de fonctionner, le corps en a besoin. Alors si je pousse la machine plus forte et plus loin que se passe-t-il ?

Mes besoins augmentent ! Donc je vous invite à vous concentrer sur votre respiration. Lors de séance cardio, prenez de profonde inspiration nasale et de longue expiration buccale. Celle-ci devra être la plus régulière possible. Lors de vos séances de musculation, privilégiez une inspiration à l'ouverture de cage thoracique sur des mouvements légers. Si les charges sont lourdes, je vous invite à respecter l'expiration sur la phase d'effort !

	Semaine 1
Lundi**Test**	- Journée seuil pour savoir où vous en êtes en début de cycle.- Pas évident de caser le test piscine, mais pour les autres très facile.- **Pour commencer** échauffez-vous 15 min : 10 min de cardio et 5 min de mouvement poly articulaire- **Réaliser** un Luc léger dans les conditions réelles.- Ensuite prendre un repos de 5min, pensez à vous hydrater.- **Refaire** un échauffement poly articulaire, et réaliser les 4 tests (souplesse, gainage, traction et kily)- Notez vos performances, et à dans deux semaines pour de nouveaux tests !
Mardi**Foncier**	- Footing entre 45min et 1h.- Concentrez-vous sur votre respiration.- Gardez un rythme constant.- Ayez une tenue adaptée !
Mercredi**Renforcement musculaire full body**	- **Echauffement :** 10 min cardio+5min de mobilité articulaire- **Traction en supination :** 4 séries de 15 (élastique ou parade) et prendre 1min30 de repos- **Pompes :** 4 séries de 20 et prendre 1min30 de repos- Squat + saut extension : 4 séries de 15 et prendre 1min30 de repos- **Gainage :** 4 séries de 1min avec 1min de repos- **Etirements :** 15 secondes par étirement sans aller au seuil de douleur, avec des respirations profondes.
Jeudi	- **Echauffement :** 300m nage libre- Corps de séance : 10 séries de 50m au max, et retour nage libre + 30 secondes de repos.

Natation	- Retour au calme : 200m nage libre - **Pensez** à bien vous hydrater pendant vos séances de piscine (bouteille d'eau au bord du bassin !)

**Vendredi
Circuit
training
alterné**
	- **Réaliser** 4 tours du circuit, en prenant 2min de repos entre les tours
	- **Préparer** votre circuit avant l'échauffement.
	- **Echauffement :** 10 min de cardio et 5 min de mobilité articulaire
	  - 10 burpees
	  - 10 Squat
	  - 10 pompes
	  - 10 sit up
	  - 10 tractions supination
	  - 2*10 fentes alternés avec saut
	  - 10 dips
	  - 2 allers retours en sprint sur 20 mètres
	- Repos 2 min en marchant et en s'hydratant.
	- **Recommencer** et faire 4 tours au total
	- **Fin de séance :** retour au calme et étirement (15 secondes par étirement sans aller au seuil de douleur, avec des respirations profondes).

Samedi Course à pied spécifique Luc Léger	- 15 minutes de course à pied à allure modérée. - **Préparer** le terrain de Luc Léger sur 20 mètres. - **Réaliser** quelques 4 allers retours pour l'échauffement spécifique et enchaîner directement avec le corps de séance, - **Corps de séance :** 20min - 10 séries de 1 minute à 80% et prendre une minute de récupération active en continuant le parcours - **Retour au calme :** - 10 minutes de course allure modérée.
Dimanche Repos	**Bien mérité !**

	Semaine 2
Lundi Foncier	- Footing entre 45min et 1h. - Concentrez-vous sur votre respiration. - Gardez un rythme constant. - Ayez une tenue adaptée !
Mardi Renforcement musculaire full body	- **Echauffement :** 10 min cardio+5min de mobilité articulaire - **Traction en supination :** 4 séries de 30 secondes maintenue menton à la barre et prendre 1m30 de repos - **Dips :** 4 séries de 10 et prendre 1min30 de repos - Squat + maintenir 5 secondes à 90 degrés : 4 séries de 15 et prendre 1min30 de repos - **Gainage :** 4 séries de 2 min avec 1min30 de repos - **Etirements :** 15 secondes par étirement sans aller au seuil de douleur, avec des respirations profondes.
Mercredi Natation	- **Echauffement :** 300m nage libre - **Corps de séance :** 10 séries de 50m au max, et retour nage libre + 30 secondes de repos. - **Retour au calme :** 200m nage libre - Pensez à bien vous hydrater pendant vos séances de piscine (bouteille d'eau au bord du bassin !)
Jeudi Repos	**Bien mérité !**

Vendredi
Circuit training alterné
	- **Réaliser** 4 tours du circuit, en prenant 2min de repos entre les tours
	- **Préparer** votre circuit avant l'échauffement.
	- **Echauffement :** 10 min de cardio et 5 min de mobilité articulaire
	    - 10 burpees
	    - 10 Squat
	    - 10 pompes
	    - 10 sit up
	    - 10 tractions supination
	    - 2*10 fentes alternés avec saut
	    - 10 dips
	- 2 allers retours en sprint sur 20 mètres
	- **Repos** 2 min en marchant et en s'hydratant.
	- **Recommencer** et faire 4 tours au total
	- **Fin de séance :** retour au calme et étirement (15 secondes par étirement sans aller au seuil de douleur, avec des respirations profondes).

Samedi **Course à pied spécifique Luc Léger**	- 15 minutes de course à pied à allure modérée. - **Préparer** le terrain de Luc Léger sur 20 mètres. - **Réaliser** quelques 4 allers retours pour l'échauffement spécifique et enchainer directement avec le corps de séance, - Corps de séance : 20min - 10 séries de 1 minute à 80% et prendre une minute de récupération active en continuant le parcours - **Retour au calme :** - 10 minutes de course allure modérée.
Dimanche **Repos**	- Reposez-vous bien car demain vous refaites les tests !

	Semaine 3
Lundi **Test**	- Où en êtes-vous en milieu de cycle ? - Pour commencer échauffez-vous 15 min : 10 min de cardio et 5 min de mouvement poly articulaire - **Réaliser** un Luc léger dans les conditions réelles. - Ensuite prendre un repos de 5min, pensez à vous hydrater. - **Refaire** un échauffement poly articulaire, et réaliser les 4 tests (souplesse, gainage, traction et killy) - L'ordre des tests 2013 étaient celui indiqué précédemment, souplesse, gainage, traction et killy. - **Notez vos performances**, et à dans deux semaines pour de nouveaux tests ! (Tests toutes les deux semaines)
Mardi **Foncier**	- Footing entre 45min et 1h. - Concentrez-vous sur votre respiration. - Gardez un rythme constant. - Ayez une tenue adaptée !
Mercredi **Renforcement musculaire full body**	- Echauffement : 10 min cardio+5min de mobilité articulaire - Traction en supination : 4 séries de 15 (élastique ou parade) et prendre 1min30 de repos - Pompes : 4 séries de 20 et prendre 1min30 de repos - Squat + saut extension : 4 séries de 15 et prendre 1m30 de repos - Gainage : 4 séries de 2min avec 1min de repos - Etirements : 15 secondes par étirement sans aller au seuil de douleur, avec des respirations profondes.
	- Echauffement : 300m nage libre - Corps de séance : 10 séries de 50m au max, et retour

Jeudi Natation		nage libre + 30 secondes de repos. • Retour au calme : 200m nage libre • Pensez à bien vous hydrater pendant vos séances de piscine (bouteille d'eau au bord du bassin !)

Vendredi Circuit training alterné		• **Réaliser** 4 tours du circuit, en prenant 2min de repos entre les tours
		• **Préparer** votre circuit avant l'échauffement.
		• **Echauffement :** 10 min de cardio et 5 min de mobilité articulaire
		    • 30 secondes de jumping jack
		    • 10 Squat + jump
		    • 10 burpees
		    • 10 sit up
		    • 10 tractions supination
		    • 2*10 montées de genou
		    • 2*20 moutain climber
		    • 10 pompes
		    • 2 allers retours en sprint sur 20 mètres
		    • Gainage 1minute
		• Repos 2 min en marchant et en s'hydratant.
		• **Recommencer** et faire 4 tours au total
		• **Fin de séance :** retour au calme et étirement (15 secondes par étirement sans aller au seuil de douleur, avec des respirations profondes).

Samedi Course à pied spécifique Luc Léger		• 15 minutes de course à pied à allure modérée. • Préparer le terrain de Luc Léger sur 20 mètres. • Réaliser quelques 4 allers retours pour l'échauffement spécifique et enchaîner directement avec le corps de séance, • Corps de séance : 20min • 10 séries de 1 minute à 80% et prendre une minute de récupération active en continuant le parcours • Retour au calme : • 10 minutes de course allure modérée.

Dimanche Repos		Bien mérité !

	Semaine 4	
Lundi Foncier	<ul><li>Footing entre 45min et 1h.</li><li>Concentrez-vous sur votre respiration.</li><li>Gardez un rythme constant.</li><li>Ayez une tenue adaptée !</li></ul>	
Mardi Renforcement musculaire full body	<ul><li>**Echauffement :** 10 min cardio+5min de mobilité articulaire</li><li>**Traction en supination :** 4 séries de 45 secondes maintenue menton à la barre et prendre 1min30 de repos</li><li>**Dips :** 4 séries de 10 et prendre 1min30 de repos</li><li>Squat + maintenir 10 secondes à 90 degrés : 4 séries de 15 et prendre 1min30 de repos</li><li>**Gainage :** 4 séries de 2 min avec 1min30 de repos</li><li>**Etirements :** 15 secondes par étirement sans aller au seuil de douleur, avec des respirations profondes.</li></ul>	
Mercredi Natation	<ul><li>**Echauffement :** 300m nage libre</li><li>**Corps de séance :** 10 séries de 50m au max, et retour nage libre + 30 secondes de repos.</li><li>**Retour au calme :** 200m nage libre</li><li>Pensez à bien vous hydrater pendant vos séances de piscine (bouteille d'eau au bord du bassin !)</li></ul>	
Jeudi Repos	Bien mérité !	

Vendredi
Circuit training alterné
	- **Réaliser** 4 tours du circuit, en prenant 2min de repos entre les tours
	- **Préparer** votre circuit avant l'échauffement.
	- **Echauffement :** 10 min de cardio et 5 min de mobilité articulaire
	    - 10 burpees
	    - 10 Squat + jump
	    - 10 pompes serrées
	    - 10 sit up
	    - 10 tractions supination
	    - 2*10 fentes alternés avec saut
	    - 10 dips
	    - 2 allers retours en sprint sur 20 mètres
	- Repos 2 min en marchant et en s'hydratant.
	- **Recommencer** et faire 4 tours au total
	- **Fin de séance :** retour au calme et étirements (15 secondes par étirement sans aller au seuil de douleur, avec des respirations profondes).

Samedi **Course à pied spécifique Luc Léger**	- 15 minutes de course à pied à allure modérée. - **Préparer** le terrain de Luc Léger sur 20 mètres. - **Réaliser** quelques 4 allers retours pour l'échauffement spécifique et enchainer directement avec le corps de séance, - Corps de séance : 20min - 10 séries de 1 minute à 80% et prendre une minute de récupération active en continuant le parcours - **Retour au calme :** - 10 minutes de course allure modérée.

| Dimanche Repos | Reposez-vous bien car demain vous refaites les tests ! |

Félicitation pour votre travail !

Nous souhaitons vous proposer plusieurs bonus pour vous encourager dans votre travail mais également vous tenir informé des News sur le concours de Caporal 2023. Envoyez nous un mail à contact@concourspompier.com

Printed in France by Amazon
Brétigny-sur-Orge, FR